TOI QU'ON DIT « SURDOUÉ »

La précocité intellectuelle expliquée aux enfants

© L'Harmattan, 2011
5-7, rue de l'Ecole polytechnique ; 75005 Paris

http://www.librairieharmattan.com
diffusion.harmattan@wanadoo.fr
harmattan1@wanadoo.fr

ISBN : 978-2-296-14016-5
EAN : 9782296140165

Claire GRAND

TOI QU'ON DIT « SURDOUÉ »

La précocité intellectuelle expliquée aux enfants

L'Harmattan

A Tom, Aubin, Oriane, Thimothée, Nathan et les autres.

Je les remercie pour tout ce qu'ils m'ont appris. Un remerciement tout particulier à Tom qui m'a donné l'envie d'écrire ce livre.

Introduction

Tu as rencontré un psychologue. Il t'a fait passer un test et t'a appris que tu es un enfant «intellectuellement précoce ». Tu sais peut-être qu'on dit aussi « surdoué ». C'est ce terme que j'utiliserai dans mon livre. Tu as déjà entendu ces mots parce que le sujet est à la mode. On en parle beaucoup, à la télé, en famille et à l'école. Mais, comme beaucoup de gens, tu ne sais pas vraiment ce que c'est d'être surdoué.

On pense souvent que c'est un don extraordinaire qui consiste seulement à être plus intelligent et donc à pouvoir apprendre tout très facilement. Mais non, être surdoué, c'est surtout penser et apprendre autrement. C'est être plus fragile et avoir une vie influencée, perturbée ou même bouleversée par cette différence.

Dans mon travail de psychologue scolaire, je rencontre beaucoup d'enfants. Ce sont essentiellement les maîtres et les maîtresses qui me demandent de faire un examen psychologique. Ils souhaitent comprendre les problèmes de leur élève et veulent des conseils afin de pouvoir l'aider. Les enfants que l'on me signale souffrent de dyslexie, de difficultés pour se concentrer, de problèmes psychologiques ou d'un autre type de trouble. Parmi les nombreux enfants avec lesquels je travaille chaque année, seuls quelques-uns sont surdoués.

Il y a pourtant beaucoup d'enfants surdoués mais ils ne me rencontrent pas tous. Beaucoup d'entre eux n'inquiètent pas leur enseignant parce qu'ils vont bien.

La précocité intellectuelle n'est pas une maladie et n'empêche pas d'être épanoui. Cependant, elle peut faire souffrir. Une minorité d'enfants seulement en souffre et ressemble à ceux dont je parle dans ce livre. Leur vie est compliquée par cette intelligence différente. C'est vrai qu'ils sont différents mais ils ne sont pas anormaux.

Ce livre s'adresse surtout à ces enfants qui souffrent et qui ont du mal à s'adapter. Mais il peut aussi informer tous ceux à qui l'on a dit un jour qu'ils sont précoces ou surdoués. Il est important de savoir ce que ça signifie. Dans mon travail, je prends le temps d'expliquer à ces enfants en quoi leur intelligence peut les perturber, pour qu'ils apprennent à vivre avec et qu'ils aient confiance en eux. Ces enfants sont souvent incompris. Pourtant, ils ont une réelle valeur. Beaucoup ne s'en rendent pas compte. Même eux, ils ne le savent pas.

Sans doute que tu ne te reconnaîtras pas dans tout ce qui est décrit dans ce livre. Peut-être même que tu as la chance de ne pas ressentir ce qui peut perturber les enfants surdoués. Ce livre te permettra tout de même de mieux te comprendre et de mieux faire face, le jour où, peut-être, tu te sentiras différent. Ce jour risque d'arriver au moment de l'adolescence. C'est une période difficile et déstabilisante pour tous les jeunes. Elle peut l'être encore plus pour les jeunes surdoués car ils sont plus fragiles.

De nombreux adultes surdoués ont une vie réussie, remplie et satisfaisante. D'autres se sentent différents et inadaptés. Ils souffrent d'un mal-être qu'ils ne savent pas expliquer.

Ils ont rencontré des difficultés parfois sérieuses durant leur enfance et leur adolescence, en classe et avec les enfants de leur âge. Ils ne savaient pas que leur précocité en était en partie responsable.

Il est possible aussi d'être gêné par cette intelligence différente uniquement au moment de l'adolescence ou à l'âge adulte, après une enfance sans souci.

Si un jour ces adultes apprennent qu'ils sont surdoués, ils comprennent alors pourquoi leur enfance était si compliquée parfois, si différente de celle des autres enfants. Ils regrettent très souvent de ne pas l'avoir su plus tôt. Ils auraient tellement aimé que quelqu'un dise à l'enfant qu'ils étaient, que cette sensation de différence était due à leur forme d'intelligence, que quelqu'un leur apprenne à se faire confiance et à se sentir normal. Sans doute que ça leur aurait permis de devenir des adultes plus épanouis, plus confiants, plus forts. Aujourd'hui, on sait mieux prendre en charge les enfants surdoués et les aider à se sentir bien. On peut espérer que les futurs adultes surdoués auront moins de problèmes psychologiques que ceux qui sont adultes aujourd'hui. J'ai écrit ce livre dans ce but, pour t'aider aujourd'hui ou demain. Un livre à lire et à relire.

Première partie

L'enfant « intellectuellement précoce » ou « surdoué »

C'est quoi « être surdoué » ?

Le terme « surdoué » est le premier à avoir été utilisé pour parler des enfants comme toi. Aujourd'hui, il ne plaît plus parce qu'il paraît prétentieux. On lui préfère le terme « enfant intellectuellement précoce » (EIP) mais celui-ci est moins juste : il suppose que l'intelligence est seulement en avance pendant l'enfance et qu'ensuite, elle redeviendrait normale. Mais c'est faux, un enfant surdoué n'a pas seulement une avance, il restera surdoué toute sa vie. On peut dire que si un enfant commence à marcher à 10 mois, il est juste en avance, il ne marchera pas mieux qu'un autre qui a commencé à marcher à 16 mois. Pour l'intelligence, ce n'est pas pareil. Lorsqu'un enfant est capable de réussir des tests ou des apprentissages aussi bien et aussi vite qu'un enfant plus âgé, il n'est pas seulement en avance, il a une forme d'intelligence différente. Il restera capable de raisonner sur des notions plus complexes et d'apprendre plus vite, des choses plus difficiles. Il deviendra un adulte différent et plus fragile.

Quelques pays comme la Belgique ont choisi le terme « enfant à haut potentiel » (EHP) et le mot « douance » pour parler de précocité intellectuelle.

On pourrait définir l'intelligence comme la capacité de comprendre. Elle est utilisée pour calculer, raisonner, apprendre, mémoriser ou s'adapter à des situations nouvelles.

On dit qu'un enfant est « intellectuellement précoce » ou « surdoué » lorsque son intelligence est très nettement supérieure à la moyenne. Son QI est égal ou supérieur à 130. C'est le cas pour environ deux enfants sur cent.

Un enfant qui est normalement intelligent a un QI de 100 environ. Le tien est beaucoup plus élevé et montre que tu es capable de raisonner, de comprendre, de mémoriser comme un enfant plus âgé. Tu as réussi les épreuves du test d'intelligence comme si tu avais 3 ans, 4 ans ou 5 ans de plus.

Pourtant, tu restes un enfant, avec les besoins et le développement affectif d'un enfant de ton âge. Il y a un décalage entre ta maturité intellectuelle (tes capacités de raisonnement) et ta maturité affective (ton comportement). Tu comprends et tu réfléchis comme un enfant plus grand mais tu te comportes comme un enfant de ton âge. Peut-être même as-tu tendance à être un peu bébé, à ne pas vouloir grandir. C'est courant chez les enfants surdoués.

Certains psychologues pensent qu'il faut plutôt avoir un QI de 140 ou 145 pour « mériter » d'être reconnu surdoué. D'autres encore disent que le chiffre de QI ne suffit pas et que le diagnostic de précocité intellectuelle doit être posé à l'issue d'un examen complet. Il faut évaluer l'intelligence et aussi étudier la personnalité (la façon d'être). Cette dernière est particulière chez le surdoué. Le psychologue va discuter avec l'enfant et lui faire passer des tests projectifs pour vérifier que sa personnalité correspond bien à celle d'un surdoué.

Les tests projectifs sont des tests dans lesquels l'enfant projette (c'est-à-dire qu'il montre) ses problèmes psychologiques, sa personnalité, son caractère, comment il pense et comment il se défend contre ce qui lui fait peur.

Selon les tests, l'enfant devra dessiner en suivant une consigne ou inventer des histoires à partir d'images. En fonction de ce que le psychologue aura perçu, il pourra dire si l'enfant est seulement très intelligent ou s'il est surdoué, avec une intelligence pas uniquement supérieure mais surtout différente et avec des traits caractéristiques : par exemple l'hypersensibilité, le besoin d'observer, d'analyser, de chercher à comprendre et d'apprendre.

Néanmoins, une majorité de psychologues accepte de reconnaître l'enfant comme étant surdoué dès lors que son QI dépasse 130 ou s'en approche.

Si on prend en compte ceux dont le QI atteint 130, cela concerne environ 2 enfants sur 100. Les QI très élevés sont encore plus rares. Une personne sur 1000 aurait un QI supérieur à 145. Seules 4 personnes sur 10000 auraient un QI au-delà de 150. Pour un QI de 160, il ne resterait plus que 3 personnes sur 100000. Il est en fait très difficile d'en connaître le nombre exact.

Einstein aurait eu, selon certaines études menées bien après sa mort, un QI évalué à 162. Ce chiffre a pu être imaginé à partir de ses œuvres et d'études sur la forme et la taille de son cerveau. A sa mort, les médecins voulaient comprendre d'où lui venait sa grande intelligence alors ils ont prélevé son cerveau et l'ont conservé dans du formol (C'est un liquide qui permet de conserver les organes). Ils ont pu ensuite le peser, l'observer, le mesurer.

Le pianiste Mozart aurait eu, d'après des études identiques, un QI de 165. L'inventeur Léonard de Vinci aurait eu un QI de 180. Celui du savant et poète allemand Goethe aurait atteint 210.

Attention, on entend parler ici et là d'une nouvelle catégorie d'enfants appelés « enfants indigos » et plus récemment « enfants cristal ».

Ces appellations sont censées désigner des enfants différents et formidables, investis d'une mission. Ce seraient des enfants extra-terrestres venus pour sauver l'humanité. Ces enfants n'existent pas, ce sont en fait les enfants surdoués que certaines sectes essayent de définir de la sorte. Le seul but de ces organisations est de gagner beaucoup d'argent en vendant des livres, des formations….

Les tests de QI

Les tests d'intelligence ont été inventés au début du XXème siècle. En 1905, le psychologue français Alfred Binet a mis au point le test « Binet-Simon ». Son objectif était de repérer les enfants retardés afin de les orienter dans des classes spécialisées. Il a inventé pour cela, la notion d'*âge mental*. Si un enfant réussissait le test comme la plupart des enfants de 6 ans, il avait un âge mental de 6 ans.

Le terme « QI » ou « Quotient Intellectuel » a été inventé en 1912 par le psychologue allemand William Stern. Grâce à la mesure de l'âge mental, il était possible de calculer un QI. L'âge mental était divisé par l'âge réel puis le résultat était multiplié par 100 :

$$QI = \frac{\text{Age mental (en mois)}}{\text{Age réel (en mois)}} \times 100$$

Un enfant qui réussissait comme un enfant plus âgé avait un âge mental plus élevé que son âge réel. Le résultat (le quotient) de l'âge mental divisé par l'âge réel donnait un QI supérieur à 100. Au contraire, lorsqu'un enfant avait le niveau de réussite d'un enfant plus jeune, son âge mental était inférieur à son âge réel et son QI inférieur à 100. Prenons un exemple.

Jules réussissait les épreuves comme un enfant de 6 ans et 8 mois (6 multiplié par 12 mois plus 8 mois = 80 mois) mais il avait 7 ans et 2 mois (86 mois). Son QI était égal à 80 divisé par 86, le tout multiplié par 100, soit 93.

De nos jours, les tests ne sont plus construits pour calculer un QI d'après l'âge mental. Le terme QI a été conservé pour plus de simplicité mais il ne s'agit plus d'un vrai QI. Ce n'est plus qu'un score qui permet de comparer le niveau d'un enfant par rapport aux autres. On compare les performances de l'enfant à ce que la plupart des enfants de son âge sont capables de réussir.

Il n'est pas possible de mesurer l'intelligence. On peut mesurer la taille d'un enfant ou son poids mais pas son intelligence. Il est juste possible d'évaluer son *efficience intellectuelle*, c'est-à-dire sa capacité à utiliser, à mobiliser, à montrer son intelligence. Le test de QI permet de donner un aperçu de cette capacité à un moment donné. Le niveau est généralement stable tout au long de la vie mais les résultats peuvent varier parce que l'enfant est plus ou moins disponible, confiant ou stressé par la situation de test. S'il a peur de ne pas bien faire, le QI peut être inférieur à ce qu'il devrait être. Par contre, il ne peut pas être supérieur au niveau réel de l'enfant. Dans ce genre de test, on ne peut pas faire semblant de réussir, on ne peut pas non plus réussir les épreuves par hasard. Si l'enfant obtient d'excellents scores, c'est qu'il est vraiment capable de réussir ces épreuves. Si son QI est très élevé, c'est qu'il est vraiment très intelligent. Par contre, il est peut-être capable de faire mieux mais il n'a pas pu le montrer. Le jour où il a passé le test, il était peut-être fatigué, angoissé, tendu, désintéressé, inattentif ou déprimé.

Tu as passé une version du WISC, c'est-à-dire en anglais « Wechsler Intelligence Scale for Children », soit « Echelle d'Intelligence pour Enfants de Wechsler », du nom du concepteur des premières versions du test.

Le WISC actuel cherche à évaluer différentes compétences :

- *La compréhension verbale*, l'intelligence qui s'appuie sur le langage. Ce sont les épreuves où tu devais répondre par des mots ou des phrases. Tu as ainsi montré tes connaissances, ton vocabulaire, ta mémoire et tes capacités à raisonner à partir du langage.

- *Le raisonnement perceptif.* Il s'agissait d'évaluer comment tu raisonnes à partir d'images, à partir de ce que tu vois, de ce que tu perçois. Tu as manipulé des cubes, trouvé les images qui allaient ensemble. Chez un enfant surdoué, ces épreuves sont très bien réussies mais souvent moins brillamment que les épreuves de compréhension verbale. C'est très courant et ne doit pas t'inquiéter. L'inverse est possible aussi.

- *La mémoire de travail.* C'est une forme de mémoire particulière qui permet de réfléchir sans oublier ce sur quoi on réfléchit. Tu as répété des chiffres et des lettres dans un certain ordre. La mémoire de travail est essentielle, par exemple pour parler, lire, calculer, comprendre ce qu'on entend ou ce qu'on lit.

- *La vitesse de traitement*. Il s'agit de la capacité de réfléchir vite et de travailler vite. Tu as recopié des signes sous des chiffres, tu as cherché les dessins qui ressemblaient aux modèles. L'enfant surdoué pense très vite et pourtant ses scores sont parfois très moyens parce qu'il a été perturbé par la peur de se tromper et le chronomètre. Certains enfants surdoués n'arrivent pas du tout à se concentrer lorsqu'ils sont chronométrés. Ils paniquent, n'arrivent plus à penser, s'éparpillent et perdent du temps.

L'ensemble des notes de ce test permet en principe de calculer un QI total, à condition qu'il n'y ait pas d'écarts trop importants entre les notes des différentes épreuves. Calculer un QI dans ces conditions ne veut plus rien dire et ne peut rendre compte du fonctionnement intellectuel global de l'enfant.

Lorsqu'il n'est pas possible de calculer le QI, il ne faut pas hésiter à considérer l'enfant comme un surdoué s'il a des capacités exceptionnelles en logique, en mémoire de travail, en vocabulaire et s'il montre des comportements et un mal-être caractéristiques des enfants surdoués. Peu importe que l'enfant soit ou non « étiqueté » précoce ou surdoué. Ce qui compte, c'est sa façon d'être et de penser. S'il est comme un surdoué, s'il pense comme un surdoué, s'il souffre de son intelligence, il faut le considérer comme un surdoué.

Mais au fait, quelles sont les caractéristiques d'un enfant surdoué ? Il est très intelligent bien sûr mais ce n'est pas tout. Il a une forme d'intelligence différente dont nous reparlerons, une mémoire très performante et une grande curiosité qui lui permettent d'accumuler beaucoup de connaissances et de vocabulaire. Et surtout, il est excessif en tout : il s'intéresse aux plus petits détails, il est perfectionniste, veut que tout soit parfait, cherche la précision. Il pense trop, ressent trop, réagit trop fortement. Il est trop anxieux et se sent souvent mal dans sa peau. Il a un esprit critique surdimensionné. Je détaillerai tout ça dans les prochains chapitres. Certains aussi ressemblent beaucoup aux autres enfants mais se montrent vraiment plus intelligents et sont brillants à l'école.

Le langage de l'enfant surdoué

Un enfant normal connaît quelques mots vers 18 mois. Il ne les prononce pas tous correctement. Vers deux ans, il commence à associer deux ou trois mots pour s'exprimer : « Veux gâteau » ou « Parti le chat ». Vers trois ans, l'enfant est capable de parler avec des phrases bien construites et compréhensibles.

L'enfant surdoué parle généralement très tôt et très bien. Il est rapidement capable de construire des phrases en utilisant les pronoms (je, tu, il…), les verbes conjugués et les compléments. Dès l'âge d'un an et demi ou deux ans, il peut parler comme un enfant de trois ans :

« *Maman, je veux monter dans ma chaise* » (Marine, 17 mois).

D'autres ne semblent pas en avance, ils parlent très peu jusqu'à deux ans ou deux ans et demi puis, tout d'un coup, ils se mettent à parler très bien, comme s'ils s'étaient entraînés dans leur tête avant de nous montrer qu'ils savent parler.

Plus grand, l'enfant surdoué a beaucoup de vocabulaire et aime utiliser les mots justes.

« Ils n'arrêtent pas de me prendre comme cible » (Charles, 7 ans).

« J'aime me dépenser dehors » (Oriane, 7 ans).

Souvent, c'est un enfant qui aime parler, argumenter, poser des questions. Il est curieux, aime échanger des idées. Ce n'est pas toujours bien perçu par les adultes. Ils le trouvent trop bavard. Ils disent qu'il est épuisant.

Certains jeunes enfants surdoués utilisent des mots qu'ils ont inventés eux-mêmes. S'ils constatent que leurs parents les comprennent, ils continueront à les utiliser quelque temps. D'autres aiment s'amuser plus tard, à inventer leur propre langage. Ils ne l'utilisent pas pour communiquer, ne le font même pas connaître. Ils s'amusent seulement à le construire, à inventer des mots, à élaborer une grammaire.

L'enfant surdoué aime généralement lire. Certains lisent énormément, de gros livres de toutes sortes, des romans, des documentaires, des bandes dessinées. La lecture peut les occuper une grande partie de la journée et leur permettre de vivre des aventures qu'ils ne trouvent pas dans leur vie quotidienne. Quelques-uns passent tout leur temps libre à lire parce qu'ils trouvent la vie réelle trop monotone et ennuyeuse. Grâce à leurs lectures, ils ont l'impression de vivre une vie « où il se passe quelque chose ».

La mémoire de l'enfant surdoué

L'enfant surdoué a une excellente mémoire visuelle. Elle lui permet de mémoriser très rapidement parce qu'elle fonctionne un peu comme un appareil photo : il lit son poème une ou deux fois, il peut ensuite le réciter sans erreur. Il utilise sa mémoire visuelle comme s'il photographiait la page, comme s'il mémorisait une image, l'image de la page avec la poésie écrite dessus. L'image est dans sa tête, il la voit et peut relire sa poésie pour la réciter. Au lieu de lire le texte sur un cahier devant lui, il lit le texte dans sa tête. C'est facile et sans risque d'erreur.

« *Quand je regarde un paysage, après je l'ai dans la tête et je peux zoomer* » (Marine, 10 ans).

Les autres formes de mémoire sont aussi très performantes mais lorsque c'est possible, l'enfant surdoué utilise de préférence sa mémoire visuelle. En fait, il pense beaucoup par images. Lorsqu'il entend un mot, il en voit aussitôt l'image dans sa tête. Même s'il s'agit d'un mot abstrait tel que « liberté » ou « ennui », il peut quand-même voir une scène ou ressentir des émotions qu'il associe à ces termes. Ça explique sans doute pourquoi il peut raconter des événements de sa petite enfance longtemps après.

. Il en a gardé les images en mémoire et peut ainsi revisiter des souvenirs anciens, qui peuvent dater de l'époque où il n'avait que deux ans, parfois moins.

L'enfant surdoué a un sommeil différent, qui contient davantage de périodes de sommeil paradoxal, celui pendant lequel on rêve le plus C'est aussi celui qui favorise la mémorisation. L'origine de l'excellente mémoire du surdoué est peut-être à chercher du côté de son sommeil.

La synesthésie

L'enfant surdoué associe facilement et même involontairement les idées et les perceptions. Les idées se bousculent dans sa tête et il passe rapidement de l'une à l'autre. Il « passe du coq à l'âne », comme on dit. Il commence à parler d'un sujet, passe à un autre, revient au premier puis enchaîne sur un nouveau. Ça peut aussi être vrai pour les perceptions (ce qu'il entend, ce qu'il voit, ce qu'il ressent). Il peut les associer dans un phénomène étonnant appelé *synesthésie*. Le surdoué est souvent synesthète.

Alors, c'est quoi la synesthésie ? Ça consiste à associer, à mélanger des perceptions qui n'ont pourtant rien à voir entre elles. La synesthésie la plus courante concerne les couleurs. Le synesthète pense aussitôt à une couleur lorsqu'il entend ou voit une lettre, un chiffre, un mot. Par exemple, le mot « mini » est tout jaune alors que le prénom « Lola » est rose. Le chiffre 8 est marron et le son « è » est vert foncé pour une personne synesthète. Pour une autre, les couleurs seront différentes. Chaque synesthète a son propre code couleur. Le 3 est orange pour l'un, vert pour l'autre. Les codes couleurs sont par contre identiques pour une même personne tout au long de sa vie. Si le 3 est orange, il le restera.

Il existe d'autres formes de synesthésies plus rares. Quelques personnes ressentent un goût dans la bouche en entendant de la musique.

D'autres voient les musiques en couleur. D'autres encore associent aux nombres, soit des formes, soit des caractères et des personnalités :

« Le 9 est grand, sévère et froid », « Le 6 est petit, timide et discret ».

Ça peut paraître insensé, ridicule. C'est pourtant le quotidien du synesthète. Ces associations s'imposent à lui, elles lui viennent spontanément à l'esprit. Le 3 est orange. C'est comme ça ! Il n'y peut rien. Pour lui, c'est naturel. Il n'en parle pas parce qu'il imagine que c'est la même chose pour tout le monde. Et pourtant, seules 4 personnes sur 100 vivent cette expérience étrange. Il semblerait que ce soit dû à un nombre trop important de cellules dans le cerveau. La précocité intellectuelle pourrait aussi être liée à un excès de cellules cérébrales. Il n'est donc pas étonnant que tant de surdoués soient synesthètes.

Ce n'est pas gênant d'être synesthète. Ça ne sert pas non plus à grand-chose, si ce n'est à voir le monde un peu plus en couleur. Dans de très rares cas tout de même, ça peut influencer la pensée. Le fait de voir les chiffres en couleur peut rendre difficile leur utilisation dans des calculs. Lorsqu'il faut additionner des chiffres et que leurs couleurs ne vont pas bien ensemble, ça peut constituer un obstacle chez les jeunes enfants. Au contraire, la synesthésie peut faciliter la mémorisation. Par exemple, pour retenir un numéro de téléphone qui contient deux nombres qui se ressemblent, disons 18 et 19. Il est facile de retenir lequel des deux se trouve à la fin. Il suffit de savoir que le numéro se termine par du marron (la couleur du 18) et non par du bleu marine (19).

La famille

Lorsqu'un enfant est surdoué dans une famille, il y a de grandes chances pour que ses frères et sœurs le soient aussi. Très souvent également, l'un de ses parents ou les deux le sont. Lui-même, plus tard, aura tendance à former un couple avec une personne de niveau intellectuel équivalent, sans quoi il finirait par s'ennuyer. Ses enfants seront très certainement surdoués.

Les capacités intellectuelles se transmettent de façon génétique et sont liées au mode de fonctionnement du cerveau. On naît surdoué. Néanmoins, l'environnement et l'éducation ont une influence, ainsi que l'état psychologique de l'enfant. Des chercheurs ont observé des enfants qui vivaient dans des familles dans lesquelles ils ne pouvaient pas s'épanouir (violence, dépression des parents, chômage…). Ils n'étaient pas disponibles (pas assez tranquilles dans leur tête) pour penser et apprendre. Placés ensuite dans des familles d'accueil ou des centres pour jeunes en difficulté et suivis par des psychologues, ils ont vu leur QI augmenter de façon parfois spectaculaire. Ils ne sont pas devenus plus intelligents mais les conditions de vie meilleures leur avaient permis de mieux exploiter leurs capacités.

Certains enfants peuvent aussi désinvestir leurs capacités parce que leur intelligence les fait trop souffrir.

Parce qu'ils se sentent différents et inadaptés, qu'ils s'ennuient à l'école, qu'ils pensent trop et que ça les angoisse, ils préfèrent « arrêter de réfléchir ». Ils mettent leur intelligence entre parenthèses, n'en utilisent que le strict nécessaire. Ils cherchent à être mieux acceptés et avoir le sentiment d'être enfin comme tout le monde. Ça s'appelle *l'inhibition intellectuelle*. Là encore, ces enfants n'arrêtent pas d'être intelligents, ils bloquent, inhibent une partie de leur intelligence. Après une prise en charge par un psychologue, leur QI peut regagner jusqu'à plus de 30 points. Ce phénomène est aussi appelé « Le complexe de l'albatros » par les psychiatres.

Le QI est donc programmé par les gènes puis influencé par ce qui se passe dans la vie de l'enfant. Il est favorisé dans une famille heureuse et stimulante et inversement, freiné dans un contexte difficile. Il peut aussi varier en fonction d'autres critères. Un enfant qui repasse un test vers l'âge de 8 ans aura souvent un QI supérieur à celui qu'il avait obtenu lors d'un premier test à 4 ans. Parce que les jeunes enfants sont rarement assez matures pour s'impliquer vraiment dans un test. Ils n'en comprennent pas l'importance, ils manquent de concentration et de motivation.

Le QI a tendance également à baisser avec le rang de naissance. Souvent, le QI de l'aîné a quelques points de plus que celui du deuxième enfant qui, lui aussi, a quelques points de plus que celui du troisième. Il y a bien sûr des exceptions.

Deuxième partie

C'est pas toujours facile d'être surdoué

Un enfant différent

Beaucoup d'enfants surdoués vont bien. Ce sont de très bons élèves, motivés et travailleurs, contents d'étudier. Ils ont de bonnes relations avec les adultes et les enfants. C'est souvent le cas des filles surdouées. Elles vont généralement bien et passent inaperçues. On ne se doute même pas qu'elles sont surdouées.
D'autres vont moins bien. Sur de nombreux points, les enfants surdoués sont différents des autres et ça peut être difficile à vivre. Ils sont mal dans leur peau ou même malheureux. Ils ne savent pas trop pourquoi ils sont tristes, pourquoi ils n'ont pas de copains, pourquoi ils se sentent différents, anormaux. Leur intelligence hors norme est en grande partie responsable de tout ça. C'est inattendu pour eux : ils sont loin de penser que l'intelligence, c'est-à-dire quelque chose de bien, puisse leur compliquer la vie. D'ailleurs, la plupart d'entre eux n'ont même pas conscience d'être plus intelligents que la moyenne, parfois même ils se trouvent moins intelligents.

C'est une chance d'être intelligent mais ça peut aussi être douloureux. Ça fragilise l'enfant. Il se sent différent. Ça fragilise aussi l'élève, c'est-à-dire l'enfant face aux exigences scolaires.

Bien sûr, les enfants surdoués ne sont pas tous identiques mais ils ont dès la naissance, un même mode de fonctionnement émotionnel et affectif (la façon de ressentir les choses, les émotions et les sentiments) qui va influencer leur façon d'être. Ensuite, en fonction de sa famille, de ses fréquentations et du déroulement de sa vie, chaque enfant va présenter plus ou moins les différentes caractéristiques détaillées dans les prochains chapitres.

Tout enfant peut se sentir mal, être perturbé par des problèmes qui le fragilisent et le rendent anxieux ou triste. L'enfant surdoué lui, aura les mêmes problèmes mais souvent de façon plus prononcée parce qu'il est plus sensible et qu'il réfléchit beaucoup. Un petit problème peut devenir pour lui insurmontable. Il va « en faire une montagne ». Le moindre souci peut l'angoisser terriblement. Un simple reproche peut le blesser. Pour lui, c'est plus difficile, c'est même trop difficile.

L'enfant surdoué est fragile

L'esprit critique

L'enfant surdoué voit tout, comprend beaucoup de choses, réfléchit trop. Il ne supporte pas l'injustice. Il est lucide et observateur. Il a donc très souvent un esprit critique trop développé : il remarque tout, même de petits détails que personne ne voit ou qui ne présentent d'intérêt pour personne, enfants comme adultes. Par exemple, il va se plaindre de voir des papiers par terre. Ça lui paraît tellement insupportable, tellement grave. Il va se plaindre d'une personne mal élevée, qui ne se soucie pas des autres alors que lui, il cherche à bien se comporter, à faire comme il faut. Il critique, se plaint, râle, fait des remarques, commente, analyse. La plupart du temps, il a raison de se plaindre : il est inadmissible de jeter ses papiers par terre et de ne pas respecter les autres. Malgré tout, il va exaspérer ses parents et ses professeurs. Ils vont lui reprocher de n'être jamais content, d'être contestataire, désagréable, insupportable. Ça va le rendre triste et aussi miner sa confiance en lui. De plus en plus, il va avoir une image négative de lui (Il est nul, ne vaut rien. Personne ne l'aime), d'autant qu'il retourne aussi son esprit critique et sa lucidité contre lui-même. Il se juge sévèrement, se dévalorise et se persuade qu'il n'est capable de rien de bon.

« Je suis un peu ronchon, je veux toujours avoir raison. J'aimerais changer et j'y arrive pas » (Tom, 10 ans).

Pourtant, avoir un bon esprit critique est utile pour ne pas croire tout ce qu'on nous dit, pour ne pas se faire abuser par tous ceux qui comptent sur la naïveté des gens : les politiciens, les publicitaires... Il est important de garder et développer son esprit critique mais en apprenant à ne pas râler en permanence. D'ailleurs, ça ne lui sert à rien de râler puisque les autres ne voient pas ou ne sont pas dérangés par tout ce qui choque le surdoué. Ils ne peuvent donc pas le comprendre. Ils ne peuvent que déplorer cette fâcheuse manie de toujours se plaindre.

Le refus de l'autorité

L'enfant surdoué est facilement en opposition. Il refuse d'obéir, il ne veut pas céder. Il ne supporte pas d'être « traité » comme un enfant (de son âge) puisqu'il raisonne comme un enfant plus grand et très vite comme un adolescent. Il ne supporte pas qu'on le contrarie. Il refuse l'autorité. Il négocie, argumente pour obtenir ce qu'il veut. Il ne peut en fait accepter que les règles qui lui paraissent justes, justifiées et nécessaires.

Il se met en colère parce qu'il ne supporte pas l'injustice et qu'il se sent incompris, ce qui est vrai : il est presque toujours incompris. Il a le sentiment que personne ne le soutient, ne l'écoute, ne le respecte et que c'est toujours lui qui se fait punir à la place des autres.

« *En récré, c'est toujours moi qui prends, même quand j'ai rien fait, c'est toujours moi. La maîtresse, elle punit que moi, c'est pas juste. J'en ai marre* »

Ce petit garçon de 7 ans se plaint des enseignants qui interviennent lors des bagarres de plus en plus fréquentes. Il ne supporte plus le groupe. Il se rebelle, devient violent et insolent, insoumis.

L'enfant surdoué est susceptible. Il ressent tout trop fortement. La moindre remarque le touche. Il est facilement blessé. Il a une mauvaise image de lui, il ne supporte donc pas tout ce qui peut lui confirmer qu'il est nul et faible. Il réagit donc mal aux remarques, aux critiques qui signifient pour lui « Tu es nul, tu ne vaux rien ». Alors, il cherche à avoir raison, à commander, à décider. Quand on pense qu'on n'est pas assez bien, on ne peut pas supporter de ne pas avoir raison, de ne pas choisir, de ne pas gagner lorsqu'on joue à un jeu. Quand on se pense nul, on a besoin de s'opposer et de dominer, afin de se sentir un peu plus fort.

Ses parents disent de lui que c'est un enfant difficile et récalcitrant, un enfant qui les épuise. Ils se plaignent de sa façon d'être, de son caractère, de ce qu'il est. Ils sont fatigués d'avoir un enfant comme lui. Toutes ces plaintes montrent à l'enfant qu'on ne le comprend pas et lui font croire qu'on ne l'aime pas. Parfois même, il a un frère ou une sœur dont les parents se plaignent beaucoup moins. C'est vraiment lui « le vilain petit canard », le raté, le mauvais de la famille.

C'est un cercle vicieux qui jour après jour, le pousse de plus en plus à imposer ses choix, à refuser de se plier aux demandes de ses parents ou de ses professeurs. Plus on se plaint de lui, plus il se sent incompris et mal-aimé. Plus il se sent mal-aimé et plus il est insupportable.

L'impatience

L'enfant surdoué est habitué à réfléchir vite, à comprendre et apprendre vite. Il pense beaucoup et très vite, il peut aborder plusieurs sujets en même temps. Son cerveau est rapide. La rapidité fait partie de son fonctionnement intellectuel. Il ne comprend pas pourquoi les autres élèves ont besoin de tellement plus de temps que lui pour faire le même travail. Il se demande souvent pourquoi ils sont si lents, comment c'est possible d'être aussi lent. Pour lui, devoir sans cesse les attendre est incompréhensible et insupportable.

Sa forme d'intelligence le prédispose à l'impatience. Il peut s'intéresser et penser à plusieurs choses à la fois. Il est comme une éponge qui absorbe tout ce qui l'entoure, ce qui explique en partie qu'il connaisse tant de choses. Il a du mal à se concentrer sur une seule chose à la fois. Son esprit papillonne, passe d'un sujet à l'autre, « voit » tout ce qui l'entoure. L'enfant surdoué a une façon de penser de type « tout, tout de suite, en même temps ». Il ne sait pas attendre. Ce n'est pas seulement qu'il ne veut pas. Attendre n'est pas naturel pour lui. Heureusement, avec le temps, il pourra apprendre à être plus patient.

De plus, il est toujours dans ses pensées et il y trouve un sentiment de liberté qu'il ne connaît pas dans la vie réelle. Il a tendance à se raconter des histoires dans sa tête, à imaginer la vie qu'il aimerait avoir. Lorsqu'il se met en scène et qu'il s'invente une histoire dont il est le héros, il contrôle tout, il fait ce qu'il veut, sans attendre, sans obstacle et sans contrainte. Une fois « revenu sur Terre », il ne supporte pas de devoir attendre.

L'enfant surdoué a besoin que les choses aient un sens

L'enfant surdoué n'aime pas ce qui lui paraît illogique, inutile et surtout injuste. Par exemple, il pourra refuser de faire son lit parce que ça lui semble complètement inutile.

« Un lit, ça sert à dormir, pas à faire beau dans la chambre. Et de toute façon, pour se coucher, il faut le défaire ».

Faire son lit tous les jours n'a vraiment aucun sens, aucun intérêt, au grand désespoir de ses parents. Les contraintes de la vie quotidienne et les routines l'ennuient terriblement.

A l'école, certains élèves surdoués chercheront le résultat du problème de mathématiques mais n'écriront pas la réponse. Ils ont fait l'essentiel : ils ont trouvé la réponse. L'écrire ne sert plus à rien. Ecouter la correction encore moins. Cette attitude est exaspérante pour les professeurs qui y voient volontiers de la provocation et de l'obstination. Ils disent que l'enfant veut montrer que c'est lui qui décide. C'est surtout qu'il ne peut pas faire les choses s'il ne comprend pas pourquoi il doit les faire, si ça n'a pas de sens pour lui, s'il ne voit pas à quoi ça peut lui servir.

Il a tendance à travailler uniquement quand il pense que c'est intéressant ou utile, que ça a un sens pour lui. Il ne peut pas se contenter d'apprendre simplement parce qu'on lui dit qu'il doit aller à l'école pour apprendre. Il peut ainsi délaisser des matières ou des cours qui ne l'intéressent pas.

« Ça sert à rien d'apprendre l'Histoire parce qu'on n'est pas sûr que ça a vraiment existé comme ils disent et on sera jamais sûr que ça s'est passé comme ça alors ça sert à rien » (Nathan, 9 ans).

Lorsqu'un enseignement paraît peu intéressant, il est important tout de même de faire l'effort de s'y intéresser, du moins de suivre et d'apprendre le cours. C'est important pour ne pas avoir de problèmes avec l'enseignant ou les parents, ne pas avoir de mauvaises notes, de mauvaises appréciations ou même des punitions. Ne pas s'attirer d'ennuis, ça a du sens. L'enfant surdoué doit donc se rendre compte que c'est dans son intérêt de faire des efforts en classe.

Ce terrible besoin d'amour

C'est le problème central du surdoué, enfant comme adulte : on ne l'aime pas. On ne l'aime pas assez. Ou plutôt, il a besoin qu'on l'aime plus que ça. Le surdoué a un besoin immense d'être aimé, tellement grand qu'il est rarement comblé.

Il a encore plus besoin d'amour qu'un autre enfant mais souvent, il en reçoit moins parce qu'il est moins attachant et plus difficile.

Il a besoin d'amour parce qu'il manque de confiance en lui et ça le rend susceptible. Chaque remarque, chaque critique lui confirme qu'il ne vaut rien, qu'on ne l'aime pas. Il a besoin d'amour parce qu'il est anxieux. Il ne se sent pas en sécurité dans ce monde. L'affection et les câlins le rassurent, comme le petit bébé qui a besoin des câlins de ses parents pour se construire.

Il a besoin d'amour parce qu'il est sensible, émotif et qu'il vit beaucoup dans l'affectif (ce qu'il ressent, ses sentiments). L'enfant surdoué n'est pas qu'« une grosse tête intelligente », il accorde aussi une place envahissante à l'affectif. Etre aimé est vital pour lui.

L'enfant surdoué est hypersensible

Il est sensible à tout. Il entend, voit, comprend, ressent beaucoup de choses. Il est envahi par une quantité trop importante d'idées, de paroles, d'informations et de perceptions. Il est un peu noyé dans tout ça.

Ses sens sont en éveil. Il est souvent gêné par le bruit qui agresse ses oreilles trop sensibles, qui l'empêche de se concentrer, de penser. Il peut aussi avoir une sensibilité importante au niveau de la peau. Il ne supporte pas les vêtements qui ne sont pas doux ou qui le serrent mais il aime les câlins. Il est trop sensible aux odeurs et se plaint des odeurs trop fortes.

Il est sensible aux ambiances. Il est perturbé et affecté par tous les conflits, les tensions et les problèmes psychologiques des personnes qui l'entourent, même s'il n'est pas responsable ni concerné. Il ressent facilement ce que les autres ressentent. Ça peut le mettre mal à l'aise et l'inquiéter. Cette capacité à se mettre à la place des autres et à imaginer ce qu'ils ressentent, à presque ressentir ce qu'ils ressentent, ça s'appelle *l'empathie*. Ça peut lui permettre de devenir (surtout à partir de l'adolescence), l'ami qui écoute et comprend, le confident sur qui on peut compter en cas de problème.

Mais surtout, ça le fragilise beaucoup parce qu'il est envahi par les sentiments et les émotions des autres et de lui-même. Il ressent tout très fortement. L'affectif prend trop de place dans sa vie.

L'enfant surdoué est émotif. Il a facilement les larmes aux yeux, il est « à fleur de peau ». La tristesse, la joie, la colère peuvent prendre chez lui des proportions démesurées. Il ne maîtrise pas ses émotions.

Il passe rapidement du rire aux larmes. Certains se mettent dans des colères terribles pour des raisons qui paraissent ridicules. Ce n'est pas un comédien, il est sincère. Il ressent fortement la joie et ensuite fortement la colère ou le sentiment d'injustice. Son entourage a bien du mal à comprendre ces débordements.

« Mon fils, je l'appelle Monsieur 100 %. Quand il est content, il est content à 100 %. Quand il est en colère, il est 100 % en colère ».

Certains, pour se protéger de cette fragilité, de cette trop grande émotivité, cherchent à ne plus trop ressentir. Ils se renferment sur eux-mêmes, refusent de voir ce qui se passe autour d'eux, s'obligent à ne pas faire attention. Ils paraissent insensibles. Ils ne sont pas ni insensibles, ni égoïstes. Ils essayent seulement de lutter contre cette empathie qui les fait souffrir. Ils se protègent de ces souffrances et ces émotions angoissantes qu'ils perçoivent autour d'eux. Ils sentent qu'ils ne sont pas assez solides pour partager les soucis des autres. Ça leur fait peur.

L'enfant surdoué s'observe

L'enfant surdoué observe beaucoup son entourage, il voit le moindre détail. Peu de choses lui échappent. Certains ont malheureusement tendance à trop s'observer eux-mêmes. Ils vivent et en même temps, ils se regardent vivre. Ils sont avec des gens et se regardent (dans leur tête) en train d'être avec ces gens, en train de leur parler. Au lieu de simplement profiter du moment présent, ils analysent la situation.

Ils observent et analysent tout ce qui se passe autour d'eux. Ils s'observent en train d'être là. Ils sont plus spectateurs qu'acteurs. Ils regardent leur vie au lieu de la vivre.

« *La première fois que je m'en suis rendue compte, c'était un jour où j'étais très fatiguée. Je regardais les autres parler et j'avais l'impression de les regarder à la télé, même si je savais que c'était pas vrai, qu'ils étaient vraiment là* ».

Ces surdoués ne peuvent pas vivre pleinement les rencontres, les moments heureux, les fêtes, sans se poser de questions. Ils ne savent pas s'amuser, se sentir bien et se détendre parce qu'ils ne peuvent pas arrêter de penser. Ils connaissent rarement l'insouciance.

Après s'être fait punir pour une bêtise qu'elle vient de faire, Cloé, 3 ans, conteste :

«*Non, c'est pas moi, je me suis pas vue faire* ».

Si jeunes, quelques enfants ont déjà conscience de s'observer. Certains adultes et quelques enfants surdoués connaissent ces expériences mais pas forcément en permanence. Ça arrive surtout lors des rencontres, des fêtes de famille…

L'anxiété

L'enfant surdoué pense beaucoup et tout le temps. Il ne peut pas s'arrêter de penser ou « ne penser à rien ».

Certains disent même qu'ils aimeraient trouver un moyen d'arrêter leur tête, de s'empêcher de penser.

« Moi, ma tête, j'arrive pas à l'arrêter. Même le soir, je peux pas m'endormir. Mes idées, elles s'arrêtent pas ».

L'enfant surdoué pose et se pose beaucoup de questions. Il cherche à comprendre ce qui se passe autour de lui, le pourquoi et le comment. Il s'intéresse à des sujets qui ne sont pas de son âge. Il comprend les choses trop vite mais n'est pas assez fort et mature pour le supporter. Il se prive ainsi de l'insouciance de l'enfance qui permet aux autres enfants de grandir sans trop s'inquiéter, sans trop penser à l'avenir. Lui n'a pas ce sentiment de sécurité. Tout petit, il voit l'être humain tel qu'il est, c'est-à-dire imparfait, égoïste et parfois méchant. Tout petit, il voit le monde tel qu'il est, dangereux et impitoyable. Il perçoit très vite les choses comme un adulte alors qu'il est encore trop jeune pour y faire face. Ça le désole et le rend anxieux. Ça lui fait peur. Il a conscience de la dureté de la vie.

Il s'inquiète, prévoit, anticipe. Il va penser par exemple à ce qu'il deviendrait si ses parents mouraient ou si, plus tard, il ne trouvait pas de travail. Tout petit enfin, il perçoit les fragilités des adultes sur qui il devrait pouvoir compter, en qui il devrait avoir confiance, en premier lieu ses parents. Il est très vite capable de ressentir et de comprendre qu'ils ne sont pas parfaits, solides à toute épreuve et surtout immortels. Il ne peut pas, comme un autre enfant, se sentir vraiment protégé par de tels parents.

De nombreux enfants surdoués se posent des questions sur la vie et la mort : « A quoi sert la vie ? ». « Quand est-ce que je vais mourir ? ». « Pourquoi on meurt ? ». « Est-ce qu'on se transforme en oiseau quand on meurt ? ».

Ils peuvent être très jeunes lorsqu'ils commencent à s'intéresser à ces sujets graves. Quelques fois même, ils n'ont pas encore trois ans. Ces questions peuvent être fréquentes et inquiéter les parents. C'est pourtant courant et relativement normal chez un enfant surdoué. L'enfant très jeune qui pense et qui parle de la mort n'en souffre pas forcément, il n'est pas angoissé. Le sujet l'intéresse, c'est tout. En grandissant, le sujet est par contre abordé avec plus d'inquiétude. Il peut même devenir effrayant pour certains. Il est alors nécessaire d'en parler avec un adulte qui n'est pas lui-même trop déstabilisé par le sujet. C'est normal que la mort fasse peur. Rester seul avec ces questions et cette angoisse n'est pas une bonne solution. Ne rien dire ne suffit pas pour ne plus y penser. Il est indispensable d'en parler.

« *Je veux rester tout le temps jeune, comme ça je vivrai tout le temps ma vie. J'ai peur de mourir depuis que je savais ce que ça veut dire, vers deux ans* » (Nathan, 7 ans).

L'enfant surdoué peut paraître immature

Anxieux, sensible et conscient de tous les dangers qui nous menacent en permanence, l'enfant surdoué a souvent tendance à être ou paraître immature : il se comporte comme un enfant beaucoup plus jeune. Il a besoin d'être rassuré comme un tout petit enfant. Il a parfois des petites manies comme garder son doudou pour dormir alors qu'il est au collège. Il se raccroche à cette petite enfance qui le rassure. Il dit parfois qu'il ne veut pas grandir, qu'il ne veut pas devenir adulte.

Les psychologues parlent de *dyssynchronie*. « Dys » signifie « difficulté » et « synchronie » : avec le temps. La dyssynchronie consiste donc à ne pas pouvoir synchroniser deux types de développement, par exemple les développements intellectuel et affectif. Ils ne se font pas dans le même temps, l'un étant en avance sur l'autre. L'enfant surdoué réfléchit comme un plus grand mais se comporte comme un plus petit.

Il peut aussi y avoir une dyssynchronie entre l'intelligence et la motricité. L'enfant raisonne comme un enfant plus âgé mais apprend à marcher, à écrire, à faire du vélo au même âge que les autres. Il n'est d'ailleurs pas rare qu'il soit légèrement en retard. Il n'a pas de problème avec son corps mais il pense trop. Au lieu de se lancer dans l'action, d'oser faire ses premiers pas ou de prendre le risque de faire du vélo sans les roulettes, il anticipe le danger. Il se voit déjà en train de tomber et se faire mal. Il ne sait pas faire les choses avec insouciance.

Trop souvent absorbé dans ses pensées et inattentif, il peut aussi être maladroit.

La dépression

La dépression est une sorte de très grande tristesse dont on n'arrive plus à sortir. La précocité intellectuelle peut devenir invivable et mener à la dépression et au suicide. L'enfant et surtout l'adolescent surdoués peuvent être dépressifs parce qu'ils ne maîtrisent pas leur vie. A l'école, ça va mal. Avec leurs parents et leurs camarades d'école, ça se passe mal. Le monde est pourri et la vie remplie de contraintes.

Pourquoi continuer à vivre alors que tout va si mal, qu'il y a tant de frustrations et si peu de plaisirs ? D'autant que le jeune surdoué a le sentiment que personne ne le comprend, que personne ne le soutient. Lorsqu'il ne trouve plus de sens à sa vie et n'a plus de projet, il peut s'enfoncer dans la dépression.

Il est important de réagir dès les premiers signes, dès que la déprime fait dire « La vie ne vaut rien », « C'est trop dur » ou « Je suis nul, je ne réussirai jamais rien de bien ». Il faut en parler à un parent, un médecin, quelqu'un en qui on a confiance. Une prise en charge par un psychologue sera plus efficace et rapide si le jeune n'est pas complètement désespéré.

Pour les jeunes surdoués, il est plus difficile de sortir de la dépression parce que leur hypersensibilité et leur lucidité leur font ressentir les choses très fortement. Ils n'ont pas connu l'insouciance de l'enfance pour grandir sereinement. Il n'est donc pas rare qu'ils soient des adolescents désabusés, qui ne trouvent plus de sens à rien, ni à l'école, ni à la société, ni même à la vie. Ils ne font plus confiance aux adultes qui, la plupart du temps, n'ont pas été en mesure de les comprendre, de les aider, de les aimer suffisamment. Ils se sentent désespérément seuls et n'attendent plus rien de la vie. Ça complique le travail du psychologue qui a beaucoup de mal à gagner la confiance de ces patients particuliers.

Dans leur grande lucidité, ils refusent l'aide d'une personne qui est payée pour les écouter. Poussant la logique très loin, comme à leur habitude, ils ne peuvent pas concevoir que l'on puisse aider quelqu'un si c'est juste pour gagner de l'argent. Pour eux, la seule aide acceptable ne pourrait venir que d'une personne désintéressée et sincère. Quelqu'un qui les écouterait, les soutiendrait et les aimerait, sans en attendre de l'argent. Mais qui pourrait leur donner ça ? Ils n'ont donc plus d'espoir.

Et pourtant, il faut garder espoir, justement dans ces moments de découragement où plus rien ne compte, où l'on se sent nul, où l'on est seul, où l'on ne fait plus confiance à personne. Il faut garder espoir. Comme tout dépressif, le surdoué peut aller mieux, peut aller bien. Il peut devenir un adulte heureux et épanoui, construire un couple, avoir des enfants et réussir sa vie.

L'essentiel pour éviter la dépression, c'est de savoir assez tôt et de dire à l'enfant qu'il est surdoué. Lorsqu'un enfant souffre d'être surdoué sans le savoir, il a deux solutions. Soit il pense que ce sont les autres qui sont en cause, qui ne le comprennent pas et ne le traitent pas bien. Il sera tenté de réagir en devenant agressif, perturbateur.
Soit il pense que c'est lui qui a un problème, qui n'est pas normal, qui ne vaut rien. Alors il retournera son agressivité contre lui-même, dans des comportements auto-destructeurs : troubles de l'alimentation (anorexie et boulimie qui consistent à se priver de manger ou au contraire à manger énormément), dépression et, à l'adolescence : alcoolisme, drogue et suicide.

Il est important également que l'enseignant soit mis au courant lorsqu'un enfant se sent mal à l'école : il a mal au ventre ou pleure le matin, il refuse d'aller à l'école.
Si ces signes ne sont pas pris au sérieux, ils peuvent évoluer vers une véritable *phobie scolaire.* L'enfant ne peut plus venir à l'école et ne peut plus apprendre. Passer la porte de son école le plonge dans des crises d'angoisse incontrôlables qui l'amènent petit à petit à ne plus du tout pouvoir être scolarisé. C'est une situation douloureuse pour l'enfant et ses parents. Le retour à l'école se fait très difficilement. Lorsque la phobie scolaire est installée, la dépression n'est pas loin. Il est donc indispensable de réagir dès que l'enfant commence à être malheureux à l'école.

Pour cela, il faut qu'il en parle avec ses parents et que ceux-ci prennent un rendez-vous avec le professeur, le directeur de l'école ou encore le psychologue scolaire, l'infirmière ou le médecin scolaire.

Au contraire, si tout va bien à l'école, il faut mieux ne rien dire, ne pas révéler la précocité. Il est toujours préférable de ne pas se faire remarquer et d'être « comme les autres ». D'autant qu'il existe encore des enseignants qui ne veulent pas en entendre parler ou qui disent que la précocité n'existe pas. Mieux vaut donc être discret tant qu'il n'y a pas une bonne raison d'informer l'école.

L'enfant surdoué et les copains

Un enfant d'intelligence normale n'a généralement pas de difficulté pour s'entendre avec les enfants de son âge. Il aime les mêmes jeux. Il a la même façon de penser et de voir les choses, il a les mêmes centres d'intérêt. Il leur ressemble. Ce n'est pas toujours le cas des enfants surdoués. Pourtant, la plupart d'entre eux jouent et se font des copains. Ils sont juste différents pour penser, comprendre et apprendre. D'autres sont différents pour tout. Ils n'arrivent pas à jouer et à être bien avec les enfants de leur âge.

L'enfant surdoué n'a pas les mêmes envies

L'enfant surdoué a une grande curiosité, il aime apprendre. Il s'intéresse à des sujets qui ne correspondent pas à son âge et qui n'attirent pas ses camarades. Il se passionne pour l'astronomie, la science, l'histoire ou s'amuse à apprendre le nom des capitales des pays du monde. Et surtout, lorsqu'un sujet l'intéresse vraiment, il veut tout savoir. Il n'hésite pas à passer des heures à lire, à apprendre, de façon presque obsessionnelle. Il a envie d'en parler beaucoup, beaucoup, tout le temps.

Les autres enfants s'intéressent peu à ces sujets et n'ont pas envie de s'y attarder. Ils veulent seulement bouger, jouer et rire. Ils trouvent l'enfant surdoué ennuyeux. Ils le traitent d'« intello » et le délaissent. L'enfant surdoué trouve que les autres sont des « bébés » inintéressants. Il recherche la compagnie d'enfants plus âgés mais ceux-ci le repoussent souvent car ils le considèrent comme un « petit ».

Une personnalité fragile

Certains enfants surdoués s'ennuient à l'école, ils sont calmes et tristes. Ils n'attirent donc pas beaucoup les autres enfants qui cherchent plutôt une compagnie gaie, drôle et agitée.

Quelques-uns ont un caractère fort et fragile à la fois. Ils n'acceptent pas qu'on ne soit pas d'accord avec eux, qu'on décide à leur place. Ils veulent choisir le jeu et tout diriger. Ils veulent trop s'imposer et les autres les fuient. Pour d'autres, c'est le contraire, ils ne savent pas se défendre et quelques enfants en profitent pour les embêter, voire les tyranniser. Puisqu'ils sont seuls et que personne ne vient les défendre, c'est très facile de les taquiner, les critiquer ou s'amuser à les repousser dès qu'ils approchent.

« On veut pas d'intello dans le groupe »

« C'était bien quand t'étais malade, on était mieux sans toi ».

Ces petites mesquineries peuvent paraître innocentes et sans conséquence.

Elles sont généralement ignorées ou négligées par les adultes. Elles sont pourtant très douloureuses pour l'enfant surdoué qui les subit au quotidien.

La solitude

L'enfant surdoué pense beaucoup. Il réfléchit, analyse, se pose des questions, « cogite ». Il pense tout le temps. Ça peut le rendre solitaire et le couper du monde. Il passe tellement de temps à penser qu'il n'a pas le temps de communiquer. A l'école, il est particulièrement exposé à ce risque. A force d'ennui en classe et de rejet en cour de récréation, il peut prendre l'habitude de s'évader dans ses pensées, dans ses rêves. C'est un monde tellement plus simple et agréable qu'il est ensuite difficile d'en revenir, lorsque l'habitude est prise.

L'enfant surdoué est donc souvent solitaire. Il ne cherche plus la compagnie, pour ne plus être déçu, rejeté ou embêté. Personne ne le connaît vraiment. Personne ne soupçonne l'intelligence, la richesse de cet enfant : ni les enfants, ni les adultes, ni même ses parents. Il est juste perçu comme différent et bizarre. On dit de lui qu'il est difficile, opposant, jamais d'accord, jamais content, dans son monde, trop sérieux, incapable de s'entendre avec les autres, bref inadapté. Il en souffre sans rien dire.

L'enfant surdoué ne choisit pas de rester seul, il aimerait avoir des amis mais c'est un peu comme s'il n'avait pas le mode d'emploi.

Etre surdoué n'est pas toujours facile, surtout lorsqu'on ne sait pas qu'on l'est et que cette intelligence est en partie la cause de toutes ces difficultés.

L'enfant surdoué et l'école

L'enfant surdoué n'est pas toujours l'élève épanoui et brillant qu'il devrait être. Nous avons déjà vu qu'il peut avoir des difficultés relationnelles, ne pas avoir de copain. Il n'y a pas que ça.

L'ennui

L'enfant surdoué a souvent une avance importante dans les premiers apprentissages. Dès la maternelle, certains savent lire, écrire, compter, calculer. Le travail de « bébé » qu'on leur propose ne les intéresse pas. Souvent, la maîtresse ne les comprend pas et ne sait pas se mettre à leur niveau. Dès les premières années, ils peuvent avoir le sentiment que l'école ne leur apporte rien.

Un élève d'intelligence normale a besoin de répétitions pour apprendre. Il doit refaire plusieurs fois le même type d'exercice pour le maîtriser. L'enfant surdoué sait déjà faire l'exercice ou bien, si c'est nouveau, il réussit à le maîtriser rapidement.

Il apprend très vite parce qu'il réfléchit vite (Les informations se déplacent très vite dans son cerveau), parce qu'il comprend facilement et qu'il a une très bonne mémoire. Lorsqu'il devra refaire le même travail tout au long de l'année et encore les années suivantes, ça ne présentera plus aucun intérêt pour lui. Il ne peut pas faire, refaire et refaire encore un travail trop facile. Il s'ennuie, bâcle son travail, refuse de le faire et s'agite. C'est à l'école de s'adapter à cet élève qui a des besoins différents. Malheureusement, son professeur pense qu'il est mal élevé, perturbé ou en difficulté scolaire. Il n'imagine pas que son élève est surdoué, qu'il s'ennuie et qu'il a juste besoin d'un travail plus stimulant.

De plus, l'enfant surdoué se plaint souvent de ne pas être interrogé. Il veut participer et lève la main mais l'enseignant ne le choisit pas parce qu'il sait qu'il a la bonne réponse. Il est donc condamné à attendre la fin du cours, sans même pouvoir participer. Il s'ennuie et se sent exclu. Quel est alors l'intérêt pour lui de venir en classe ?

Il doit convaincre ses parents de venir discuter avec son professeur, afin d'essayer d'améliorer la situation.

L'enfant surdoué manque de confiance en lui

Il est capable de comprendre et d'apprendre comme un enfant plus âgé. Pourtant, il pense souvent qu'il est bête, nul, incapable. Il n'a pas conscience de ses capacités. Pourquoi ? Parce que le petit enfant surdoué qui souhaite apprendre quelque chose va prendre l'habitude que ce soit facile pour lui.

Il pose des questions à ses parents, leur demande comment faire quelque chose et très vite, il sait le faire, sans beaucoup d'efforts. Par exemple, certains demandent comment s'appellent les lettres et en quelques jours, quelques semaines, ils connaissent tout l'alphabet. Ils n'ont pourtant que 2 ou 3 ans. Ça peut être aussi les chiffres, les couleurs.... Certains veulent apprendre à lire. Ils demandent qu'on leur explique comment faire. Six mois plus tard, ils peuvent tout déchiffrer et commencent à lire de petits albums. Ils ont 4 ans ou 5 ans. D'autres demandent ce que veut dire « multiplier ». Un de leurs parents leur donne une réponse et les surprend le lendemain en train de calculer 2 fois 3 sur leurs doigts. Ils ont à peine 5 ans. Tous ces apprentissages peuvent être rapides et faciles pour l'enfant surdoué, même s'il est trop jeune.

Lorsque cet enfant sera confronté à un travail qui demande du temps, des efforts et de la concentration, il risque de paniquer et de se dire qu'il n'en est pas capable. Pour lui, on doit savoir faire tout de suite sinon ça veut dire qu'on n'est pas capable. Il ne sait pas qu'apprendre peut parfois être difficile et long. Il va se décourager ou refuser d'essayer. C'est le cas de l'écriture cursive (« en attaché »). On ne peut pas apprendre à écrire en quelques jours. Il faut faire des efforts, s'entraîner et être patient. Le petit surdoué n'est pas habitué à apprendre de cette façon. Au contraire, il est habitué à apprendre vite et sans effort. Il ne sait pas persévérer et attendre. C'est pour ça que certains n'aiment pas écrire et cherchent à écrire le moins possible (Ce qui pose problème en classe). Un enfant surdoué peut même être en difficulté pour écrire. Sa main est pourtant tout à fait normale et capable d'écrire correctement. Il a juste appris à écrire en étant crispé, énervé, découragé. L'écriture a été sa première rencontre avec le sentiment d'échec parce qu'il n'a pas réussi du premier coup. C'est son premier ennemi, son premier obstacle. Il a pris l'écriture « en grippe », comme on dit.

L'enfant surdoué peut aussi se trouver en difficulté à partir du collège, face à des exercices plus compliqués, que l'on ne peut plus réussir parfaitement du premier coup. Ecouter et apprendre par cœur ne suffisent plus. On attend de lui qu'il réfléchisse, qu'il persévère, qu'il s'organise et qu'il mette en place une démarche de travail. Certains enfants et adolescents surdoués ont alors l'impression d'être incapables de faire ce qu'on attend d'eux. Ils sont persuadés qu'ils sont bêtes, débiles. Ce n'est qu'une impression. Ils ne savent pas qu'ils doivent juste apprendre à travailler autrement et se faire confiance.

Voilà pourquoi l'enfant surdoué n'a pas confiance en lui : il n'a pas l'habitude d'être en difficulté face à un travail nouveau ou difficile. Il ne sait pas se dire « Tiens, c'est pas facile, il va falloir que je me creuse la tête et que je m'accroche. Je vais bien y arriver, il n'y a pas de raison ». Il se dit « Je suis nul, je ne peux pas y arriver ». Cet état d'esprit peut, année après année, amener l'enfant à douter de ses capacités et le mettre en échec scolaire. L'échec scolaire, c'est un comble pour un enfant si intelligent ! C'est pourtant bien réel et fréquent.

L'enseignant a rarement connaissance de la précocité intellectuelle de son élève. Si ce dernier n'est plus motivé et passe son temps à rêver pour tuer l'ennui, l'enseignant a plutôt tendance à le croire en difficulté, incapable de réussir un travail, de se concentrer et de persévérer. Ça ne peut que lui confirmer qu'il n'est pas capable de mieux réussir et d'être un bon élève. Ça s'appelle *l'effet Pygmalion*. C'est un processus qui a été étudié scientifiquement dans des classes d'enfants de tous niveaux. Si on fait croire à un enseignant que ses nouveaux élèves sont bons, même si c'est faux, ses élèves vont plus progresser que si on lui avait dit le contraire.

Autrement dit, si le professeur de l'élève surdoué pense qu'il ne peut pas être un bon élève, il condamne d'une certaine manière son élève à ne pas devenir un bon élève. Bien évidemment, il n'en a pas conscience. Au contraire, lorsqu'il connaît les capacités de son élève, lorsque la famille lui a révélé la précocité, il peut contribuer à ce que l'enfant retrouve confiance en lui et progresse.

Le goût de l'effort

Habitué à apprendre sans difficulté et sans effort, l'enfant surdoué peut être incapable de faire des efforts le jour où ça devient nécessaire. Il n'a jamais eu besoin d'apprendre à en faire. Il ne peut pas se forcer à faire un travail qui ne l'intéresse pas ou qu'il n'a pas envie de faire. S'il n'a pas passé de test d'intelligence, personne ne sait qu'il est surdoué, qu'il a besoin d'être stimulé et qu'il peut être brillant. Il risque donc de prendre l'habitude de ne rien faire en classe ou seulement ce qui lui plait. Les enseignants se plaignent et perdent l'espoir de le faire travailler :

« Il a l'air intelligent, il donne des réponses intéressantes à l'oral. Mais il ne fait rien, il ne travaille pas. Ça ne l'intéresse pas, il n'est pas là ».

Il est très difficile de remotiver un tel élève, même si on se rend enfin compte qu'il est surdoué et qu'on lui propose un travail plus intéressant. Souvent, ces enfants pourront se mettre au travail et faire des efforts s'ils arrivent à s'attacher à l'enseignant et s'ils sentent que celui-ci les apprécie.

Leurs résultats scolaires seront donc variables d'une année à l'autre, en fonction de l'enseignant qui leur plaira ou non. Au collège, ça dépendra de la matière ou bien ça variera d'un professeur à l'autre.

Les efforts ne sont possibles qu'avec une solide motivation. A eux deux, efforts et motivation sont les clés de la réussite scolaire. Et c'est souvent ce qui manque à l'enfant surdoué et ce qui le précipite dans l'échec scolaire. L'ennui et le manque de confiance en lui le démotivent. Démotivé, il ne fait plus d'effort, ne fait plus grand chose en classe. Il s'ennuie donc de plus en plus et ses notes baissent. Ce qui le démotive encore plus. Difficile de sortir de ce cercle vicieux.

Pour être motivé, il faut trouver un intérêt et du plaisir à faire les choses. Mais à l'école, l'enfant surdoué a bien du mal à en trouver. La solution pour lui faire retrouver du plaisir et de l'intérêt à travailler, c'est de beaucoup le féliciter et l'encourager. Il faut lui montrer qu'on est fier de lui, fier de ses efforts et de ses progrès. C'est la seule chose qui peut permettre le miracle de le remotiver. Malheureusement, les enseignants et les parents excédés sont souvent bien loin de penser à soutenir cet élève décourageant.

Il faut donc que l'élève fasse le premier pas et qu'il montre de la bonne volonté en se remettant au travail. Ensuite, peut-être que ses parents et ses professeurs retrouveront l'envie de l'encourager.

L'enfant surdoué n'est pas attentif

L'enfant surdoué parvient difficilement à se concentrer sur une seule chose à la fois, par exemple la multiplication qu'il doit poser et calculer. Tout l'intéresse, tout l'attire : ce qu'il voit, ce qu'il entend, ce qu'il pense. Il se disperse, s'occupe de ce qu'il voit autour de lui, regarde les exercices qui sont sur l'autre page, observe son voisin, écoute les bruits extérieurs. Il se perd dans ses pensées, surtout si le travail ne l'intéresse pas. Le surdoué ne sait pas trier et ne pas faire attention à ce qui n'est pas utile, comme les bruits du couloir. Ce bruit est aussi intéressant pour lui que les pensées qui lui traversent l'esprit ou l'exercice qu'il est censé faire. Il doit sans cesse faire l'effort de se recentrer sur l'exercice, à condition qu'il soit assez motivé pour le finir.

Il va alors paraître inattentif et laisser penser qu'il ne peut pas se concentrer, qu'il a un trouble de l'attention ou même qu'il est hyperactif. Ce n'est pas impossible (On peut être surdoué et hyperactif) mais la plupart du temps, il bouge et se concentre difficilement parce qu'il est surdoué. C'est son mode de fonctionnement, sa forme d'intelligence. L'enfant (comme l'adulte) surdoué n'est pas seulement plus intelligent, il a surtout une intelligence différente.

Ses idées s'enchaînent à grande vitesse, ce qui lui fait parfois perdre le cours de son raisonnement. Il ne se concentre pas sur une seule question. Au contraire, les questions lui font penser à d'autres questions. Il est entraîné malgré lui dans des associations d'idées qui l'embrouillent. Il n'arrive pas à la fin d'un raisonnement parce que ses réflexions se sont perdues en route, envahies par beaucoup d'autres idées. Sa pensée fourmille, bouge dans tous les sens. Elle prend en compte plusieurs choses en même temps. J'en reparlerai plus loin.

L'enfant surdoué a donc « l'esprit vif », trop vif. Il passe très vite d'une idée à une autre. Chez certains, le langage et le corps suivent le même rythme. Ces enfants sont vifs, remuants. Ils gesticulent sans cesse et sont infatigables. Ils parlent beaucoup. Ils sont très curieux, s'intéressent à tout. C'est normal qu'ils aient tant de choses à dire. Ils sont capables de bouger sur leur chaise, de faire autre chose et d'être quand-même attentif. Les enseignants ont l'impression qu'ils n'écoutent pas mais lorsqu'ils leur posent une question, ils donnent la bonne réponse immédiatement. Certains ont même besoin de faire plusieurs choses à la fois pour rester attentif.

Attention, tous ne sont pas comme ça. Il y en a qui sont calmes et renfermés, voire même très lents. Occupés à penser, ils se coupent du monde et ne s'occupent pas assez de ce qu'ils ont à faire, ils ne passent pas à l'action. Ils peuvent ainsi rester vingt minutes devant leur feuille avant de commencer l'exercice. Ils pensent à autre chose ou même à l'exercice qu'ils doivent faire. Ils se demandent s'il y a plusieurs façons de le réussir, quelle est la meilleure façon, la plus rapide, la plus compliquée. Ils pensent au lieu de faire. Parfois aussi, ils visent la perfection, ils sont très appliqués et prennent beaucoup de temps pour s'assurer qu'il n'y aura pas d'erreur, pas de rature. Eux aussi paraissent inattentifs.

Lorsqu'un enfant surdoué est préoccupé par des soucis extérieurs à l'école, un problème familial ou des questions angoissantes, il ne peut pas « laisser ses problèmes à la porte de l'école ». Il y pense tout le temps. Sensible et anxieux, il est plus qu'un autre enfant, submergé par ses soucis. Ils occupent tout son esprit et l'empêchent de penser à autre chose, donc de se concentrer pour écouter les cours, réfléchir et apprendre.

A force de ne pas suffisamment se concentrer, de ne pas être attentif à ce qui se passe en classe, l'enfant surdoué peut « passer à côté » de certaines notions et prendre du retard. Il se retrouve en difficulté et peut difficilement rattraper le niveau puisqu'il reste inattentif et de plus en plus persuadé qu'il est nul.

Les troubles d'apprentissage

Dans la plupart des cas, c'est l'enfant lui-même qui s'est mis en difficulté, par son attitude face au travail, à cause de son ennui et de son manque de confiance en lui. On ne peut pas dire qu'il est vraiment responsable, encore moins coupable. C'est son intelligence qui l'amène à être ce type d'élève. Disons qu'elle est à l'origine de ses difficultés scolaires.

Cependant, il y a aussi des enfants surdoués qui ont vraiment un *trouble d'apprentissage*. On appelle « trouble d'apprentissage » un problème du cerveau qui empêche de bien apprendre. Comme n'importe qui, l'enfant surdoué peut être dyslexique, c'est-à-dire avoir des difficultés importantes et durables pour apprendre à lire et automatiser la lecture. Il peut aussi souffrir d'un véritable trouble de l'attention : il ne peut pas rester concentré, il n'arrive pas à faire attention.

L'enfant surdoué n'est pas à l'abri de ce type de trouble. Son intelligence n'est pas parfaite et toute puissante. Elle complique même encore un peu plus les choses. L'enfant surdoué manque déjà très souvent de confiance en lui et de persévération. Une dyslexie lui demandera beaucoup d'efforts qu'il aura du mal à fournir.

Ça le fera donc souffrir énormément et rendra difficile ses progrès. Pourtant, il est capable de progresser comme les autres enfants touchés par ces troubles.

Son intelligence peut aussi retarder le diagnostic et la prise en charge du trouble parce qu'elle lui permet de compenser. Par exemple, un enfant dyslexique peut se débrouiller les premières années parce qu'il comprend malgré tout ce qu'il lit et anticipe, devine ce qui va suivre. Ça lui permet de ne pas lire trop lentement. Lorsqu'il devra lire des textes longs, à partir du CE2, on remarquera sa lenteur et ses difficultés mais on aura perdu du temps pour lui proposer une rééducation en orthophonie (travail autour du langage et des sons) ou en orthoptie (rééducation du regard).

De plus, un trouble d'apprentissage peut, lui aussi, cacher les grandes capacités de l'enfant. Il est lent et en difficulté alors il ne viendra à l'esprit de personne que cet enfant puisse être surdoué. C'est regrettable parce que, non diagnostiqué, cet enfant ne sera pas compris ni aidé comme il le faudrait.

Les recherches ont montré que les enfants surdoués sont plus souvent dyslexiques et aussi plus souvent gauchers que les enfants d'intelligence normale. Ces particularités ne sont pas encore complètement expliquées par les scientifiques mais il semblerait qu'elles soient causées par un fonctionnement différent du cerveau. Chez les dyslexiques, les gauchers et les surdoués, l'*hémisphère droit*, c'est-à-dire le côté droit du cerveau serait privilégié au dépend du gauche. L'hémisphère gauche serait donc moins performant. C'est celui qui est habituellement dédié au langage donc impliqué dans la lecture et nécessaire pour bien lire. L'enfant surdoué utiliserait davantage son cerveau droit, celui qui prend en charge les traitements visuels et spatiaux dans lesquels il excelle. De plus, l'hémisphère droit commande le côté gauche du corps (et inversement), ce qui peut expliquer que les enfants surdoués soient plus souvent gauchers.

Tout se passe comme si l'enfant surdoué avait un moins bon fonctionnement de l'hémisphère gauche qu'il compenserait en utilisant essentiellement l'hémisphère droit et ce, de façon beaucoup plus performante que les autres enfants.

L'enfant surdoué a une intelligence différente

Lorsque nous devons comprendre, réfléchir et apprendre, nous utilisons deux façons de le faire. Parfois, nous prenons en compte tout en une seule fois. C'est le cas lorsque nous reconnaissons un paysage ou un visage. Nous utilisons toutes les informations en même temps. Ça s'appelle le mode *simultané* (en même temps). L'enfant surdoué maîtrise très bien ce mode de pensée et l'utilise beaucoup et facilement : il peut penser à plusieurs sujets en même temps et faire deux choses à la fois. Sa mémoire s'appuie sur ce mode de pensée. Les informations à mémoriser sont prises en une seule fois, de façon simultanée. Il utilise surtout sa mémoire visuelle qui fonctionne de cette façon. Le traitement simultané est du ressort de l'hémisphère droit, celui que l'enfant surdoué utilise de préférence.

Nous utilisons aussi un autre mode appelé *séquentiel* (par séquences, par morceaux). Il consiste à décomposer, à utiliser des informations les unes après les autres, dans un certain ordre. Le mode séquentiel sert par exemple à comprendre une consigne précise, à apprendre les tables de multiplication, à s'organiser dans son travail : « Je vais faire ce premier calcul puis ce second et avec les deux résultats, je ferai ce troisième calcul ».

Le surdoué n'est pas à l'aise avec ce mode de pensée qui prend du temps et relève plutôt de l'hémisphère gauche, moins efficace chez lui. Par exemple, il sait donner la bonne réponse à un problème de mathématiques parce qu'il sait que c'est la bonne réponse (de façon intuitive, simultanée) mais il ne sait pas dire comment il le sait. Il ne peut pas dire quelle a été sa démarche ni expliquer les étapes de son raisonnement. L'enseignant s'énerve, dit qu'il met de la mauvaise volonté à ne pas vouloir répondre ou même qu'il a copié sur son voisin. Là encore, le pauvre élève surdoué est incompris : il a bien trouvé la réponse mais ne peut vraiment pas expliquer sa démarche parce que justement, il n'a pas de démarche. Il ne peut pas justifier ses résultats. Il a un fonctionnement intuitif. Il sait, c'est tout.

De même, l'enfant surdoué a du mal à organiser ses idées lorsqu'il doit raconter à l'oral ou écrire un texte. Il sait ce qu'il veut dire mais toutes les idées arrivent en même temps. Il ne sait pas dans quel ordre les dire ou les écrire.

Les neurosciences sont les sciences qui s'intéressent au fonctionnement du cerveau. Elles ont permis de comprendre que les différentes fonctions (langage, mémoire, mouvement, vision….) sont attribuées à des zones spécifiques du cerveau. Lorsqu'on parle, on n'utilise pas la même partie du cerveau que lorsqu'on regarde un paysage. Chaque type d'action a une zone qui s'occupe de sa réalisation, même si d'autres zones peuvent aussi intervenir. Le cerveau est divisé en deux parties que l'on appelle « hémisphères cérébraux ».

L'hémisphère gauche est le siège du traitement séquentiel. Il gère le langage, la pensée élément par élément, comme dans le langage (Chaque mot est compris par rapport aux autres mots de la phrase et dans un certain ordre). On lui doit aussi la pensée rationnelle, l'argumentation, l'organisation du discours et de la pensée, la mise en place de démarches.

L'hémisphère droit prend en charge la pensée simultanée, la prise d'informations globale (on prend en compte tout en une seule fois), l'analyse visuelle et l'orientation dans l'espace, l'intuition et la créativité.

Les grandes inventions qui ont changé le monde sont sans doute dues au travail du cerveau droit, intuitif et créatif. Nous connaissons Albert Einstein comme étant l'un des génies qui ont permis de révolutionner la science. Or, ce physicien lisait mal et avait commencé à parler tard. De toute évidence, une faiblesse de son cerveau gauche était responsable de ces difficultés de langage et de lecture. Son hémisphère droit fonctionnait, au contraire, de façon très performante et était capable de découvertes géniales.

Comme Einstein, l'enfant surdoué utilise généralement beaucoup plus son cerveau droit que son cerveau gauche. Il est donc plus à l'aise avec le mode simultané qu'avec le mode séquentiel. Malheureusement, c'est le mode séquentiel qui est le plus sollicité à l'école et qui permet d'obtenir de bons résultats. Si l'hémisphère gauche fonctionne moins bien, il est plus difficile d'ordonner ses idées pour construire un texte, de comprendre les consignes, de lire et d'écrire vite. De plus, la mémoire prodigieuse de l'enfant surdoué lui permet d'apprendre facilement sans avoir besoin de faire l'effort de réfléchir vraiment. Lorsqu'il doit apprendre à utiliser une règle de grammaire, il perçoit le fonctionnement de la règle et la mémorise facilement. Face à un problème de mathématiques, il sait quelle est la réponse, de façon intuitive comme on l'a déjà expliqué. Il n'a pas besoin d'analyser les différentes données du problème pour trouver la façon de calculer le résultat. Il ne prend donc pas l'habitude de réfléchir, il n'apprend pas à réfléchir, ce qui finira par lui manquer au collège.

Heureusement, les enfants surdoués ne sont pas tous pénalisés. Chez certains, le traitement séquentiel fonctionne très bien. Pour les autres, il est tout à fait possible de réussir quand-même, à condition de travailler et de faire des efforts, comme n'importe quel élève. C'est ce qui explique qu'il y ait aussi des enfants surdoués qui réussissent brillamment à l'école. Tous les jeunes qui étudient dans les grandes écoles et qui font des études prestigieuses ont été ce genre d'élèves.

Afin d'être et de rester un très bon élève, il faut apprendre à utiliser ce mode de pensée, à prendre en compte des informations qui se suivent, à réfléchir à la façon de faire. Pour cela, il faut prendre l'habitude de se demander « Comment j'ai fait pour trouver le résultat ? », « Comment je sais que c'est la bonne réponse ? » « Si la maîtresse me demande d'expliquer comment j'ai trouvé la réponse, qu'est-ce que je lui dis ? ». Il faut s'entraîner à utiliser une démarche avec des étapes. Je fais ça, puis ça, puis ça. Il faut apprendre à rédiger, à construire un texte. Les évaluations scolaires, les examens tels que le Bac, nécessitent de savoir rédiger et organiser ses idées. Rédiger un texte ne s'improvise pas, ça s'apprend. Il y a des méthodes pour mieux y arriver : par exemple, écrire toutes ses idées sur un brouillon puis les trier pour mettre ensemble celles qui parlent un peu de la même chose. Choisir dans quel ordre on va les utiliser, ensuite faire un plan : introduction pour présenter le sujet puis premièrement, je parlerai de ça, deuxièmement, je dirai ça, troisièmement, je terminerai par ça et enfin, la conclusion. L'enfant est capable de l'apprendre seul mais risque de s'être découragé avant d'y être parvenu. Il ne faut pas qu'il hésite à demander de l'aide. Les enseignants et les parents ne repèrent pas toujours cette difficulté et ne comprennent donc pas pourquoi rédiger, argumenter, expliquer, s'organiser semble aussi difficile pour lui.

Ils penseront volontiers que là encore, il s'agit de mauvaise volonté, d'opposition, de fainéantise. L'enfant doit donc leur dire où est la difficulté et solliciter de l'aide pour apprendre à réfléchir, pour apprendre à apprivoiser ce mode séquentiel qui lui est si peu naturel.

L'enfant surdoué peut aussi être gêné pour comprendre les consignes parce qu'il a tendance à tout prendre « au pied de la lettre », c'est-à-dire à faire exactement ce qu'on lui demande, en respectant la consigne mot à mot. Pour lui, les mots ont un sens exact et il se rapporte à ce sens. Lorsque la consigne n'est pas assez claire, les autres enfants imaginent généralement bien ce qu'on attend d'eux mais pas l'enfant surdoué. Il risque de ne pas faire son travail correctement parce qu'il n'a pas bien compris ce qu'il faut faire. Ça se passe comme si certaines choses étaient évidentes pour tous, sans qu'il soit nécessaire de les préciser, et inaccessibles à l'enfant surdoué. Par exemple, une maîtresse demande de lire un texte et de le réécrire en le transformant en dialogue. Il sera évident pour tous qu'il faut raconter la même histoire mais sous forme de dialogue, comme une pièce de théâtre. L'enfant surdoué peut penser qu'il doit écrire un dialogue en imaginant une histoire à partir d'une idée du texte. Il comprendra avec le mot « transformer » de la consigne qu'il faut transformer aussi l'histoire. Il ne pensera pas à simplement changer la forme du texte en gardant les mêmes idées parce que ça lui paraîtra sans difficulté et sans intérêt. D'après lui, tous les enfants de son âge savent écrire un dialogue. Pourquoi la maîtresse demanderait-elle un tel travail ?

L'enfant surdoué peut aussi ne pas pouvoir répondre à une question dont il connaît la réponse parce qu'il trouve cette réponse trop évidente. Il n'imagine pas une seule seconde que l'enseignant attende une réponse aussi simple.

Il va donc dire qu'il ne sait pas ou donner une réponse très compliquée qu'il sera le seul à comprendre. L'enfant surdoué a tendance à rendre compliqué ce qui est simple.

L'enfant surdoué n'a pas une intelligence infaillible qui lui permettrait d'être toujours brillant. Elle peut aussi compliquer sa scolarité parce que les enseignants n'ont pas conscience que cet élève pense différemment, qu'il ne comprend pas toujours bien les consignes alors qu'il paraît si intelligent. Il peut être perçu comme un élève qui se moque du monde ou qui ne fait pas assez d'efforts. On entend dire de lui : « Il ne se donne pas beaucoup la peine. Pourtant, quand il veut, il peut ». Ça ne l'aide pas à mieux apprendre et certainement pas à reprendre confiance en lui.

Des chercheurs ont démontré que ce qui favorise le plus la réussite scolaire, c'est avant tout la motivation. Elle permet de faire les efforts indispensables à toute réussite. Le fonctionnement différent du cerveau n'est donc pas un vrai problème.

Le passage anticipé

Dans le cas où l'enfant est malheureux à l'école et où il est en danger d'échec scolaire par désintérêt et ennui, l'école peut proposer un ou même deux passages anticipés. Prenons l'exemple d'un élève qui sort de Moyenne Section et qui sait lire, écrire, compter. Au lieu d'aller en Grande Section, il peut aller directement en CP. Ou encore, un élève entre en CP après trois années de maternelle.

Au bout de quelques jours, la maîtresse se rend compte qu'il n'est pas à sa place dans cette classe et demande à ce qu'il aille en CE1. Ce ne sont que des exemples. Toutes les classes de l'école primaire peuvent être « sautées » mais il peut être préférable de le faire avant le CP.

Attention, ce n'est pas parce qu'un enfant est surdoué et qu'il s'ennuie en classe qu'il faut obligatoirement lui faire sauter une classe. Certains enfants n'en sont pas capables, ils sont trop immatures, trop inattentifs, trop anxieux. D'autres n'en ont pas besoin, ils ont réussi à s'adapter au travail demandé, comme c'est souvent le cas pour les filles surdouées. Celles-ci ont de meilleures capacités d'adaptation et se conforment plus facilement à ce qu'on attend d'elles. La décision d'un passage anticipé est prise par l'école, avec l'accord des parents, éventuellement avec l'avis favorable d'un psychologue scolaire. C'est une décision qui est réfléchie au cas par cas, dans l'intérêt de l'enfant. Généralement, le passage anticipé est décidé lorsque l'enfant a une intelligence supérieure, un niveau scolaire en réel décalage avec le travail proposé dans sa classe (Il est très en avance) et qu'il s'ennuie trop. Le but est de mettre l'enfant face à un travail plus intéressant, des apprentissages qu'il ne maîtrise pas encore, un rythme de travail qui lui convient mieux. Comme il faut travailler et apprendre plus vite dans la classe supérieure, il ne trouve plus que les autres sont trop lents, il attend moins et s'ennuie moins. S'il s'ennuie moins, il aura moins l'impression d'aller en classe pour rien, il retrouvera l'envie de travailler et se sentira mieux à l'école.

Le passage anticipé a aussi un autre avantage important. Il évite que l'élève prenne l'habitude de ne rien faire et qu'il ne soit confronté qu'à des exercices trop faciles. Lorsque tout est facile, on ne fait jamais d'effort et on n'apprend pas à persévérer.

On ne sait pas que parfois certains exercices peuvent être difficiles et qu'il faut « s'accrocher ». On n'apprend pas à garder confiance en soi devant un travail difficile. Les enfants qui se sont le plus ennuyés en élémentaire et qui n'ont pas été confrontés à la difficulté et à l'effort sont ceux qui ont le plus de risque d'être en difficulté scolaire et en échec au collège et au lycée. Le passage anticipé est une mesure destinée aussi à prévenir ce risque.

Le passage anticipé est parfois demandé avec insistance par les familles et refusé par l'école. Quand c'est possible, on pense qu'il faut mieux que l'enfant soit comme les autres, qu'il suive les cours avec les enfants de son âge, même s'il s'ennuie un peu. Tous les élèves s'ennuient par moment. L'ennui n'est pas réservé aux élèves surdoués. Le travail scolaire n'est pas toujours passionnant et il y a pour tout le monde, des moments de « vide » où les exercices sont terminés et où il faut attendre que les autres aient fini. Le passage anticipé ne doit intervenir que lorsqu'on ne peut pas faire autrement et quand on est sûr que dans la classe supérieure, l'élève qui a sauté une classe sera parmi les meilleurs. Si on pense qu'il risque d'être un élève moyen, il faut mieux qu'il ne saute pas de classe.

Troisième partie

Que faire pour aller mieux ?

Vivre avec cette différence

Tu termines la lecture de ce livre et tu comprends mieux ce qu'est un enfant surdoué ou « intellectuellement précoce » comme on préfère vous appeler de nos jours. Mais maintenant que tu as compris pourquoi tu ne vas pas toujours très bien, tu aimerais savoir comment faire pour aller mieux.

Tout d'abord, inutile de te dire que ça va s'arranger tout seul, en grandissant. Tu resteras surdoué, différent et fragile. Il te faut apprendre à vivre avec cette différence.

Certains ont besoin de l'aide d'un psychologue parce que vivre est trop difficile pour eux. Il existe des psychologues qui se sont spécialisés dans la prise en charge des enfants surdoués. Certains d'entre eux sont eux-mêmes surdoués et sont donc bien placés pour vous comprendre. La plupart du temps, les enfants surdoués n'ont pas besoin d'un psychologue et sont capables d'affronter seuls leurs difficultés. Voici quelques conseils.

Etre fier de soi

Tout d'abord, il te faut apprendre à vivre avec ta différence et à en être fier. Attention, ne sois pas « fier » dans le sens de « prétentieux » ! Tu ne dois pas prendre la « grosse tête » ni mettre ton intelligence en avant. Tu ne réussirais qu'à paraître désagréable et frimeur. Tu n'irais pas mieux, au contraire. Ça ne pourrait t'apporter que des ennuis. D'ailleurs, il faut mieux ne pas dire aux autres que tu es surdoué. Ils ne savent pas ce que ça veut vraiment dire et ne te comprendraient pas.

L'enfant surdoué est généralement humble. Il ne frime pas. Il n'utilise pas son intelligence pour écraser les autres, pour se dire supérieur à eux. D'une part, il a rarement conscience de ses capacités et surtout, il n'est pas assez bête pour se comporter comme ça. Pourtant, celui qui n'a jamais eu confiance en lui, qui s'est toujours trouvé nul et qui apprend soudain qu'il a une intelligence remarquable, celui-là peut être tenté de le faire. Pour se sentir moins nul, il va dire haut et fort qu'il est surdoué, il va étaler sa précocité intellectuelle et rabaisser les autres en les traitant de débiles. Heureusement que ces comportements sont très rares parce qu'ils font énormément de tort. Il est ensuite impossible de se faire accepter par les autres.

Lorsque je dis que tu dois être fier, je veux dire que tu dois être fier de ce que tu es et content d'être toi. Tu n'es pas parfait mais tu as beaucoup de qualités et de capacités, comme tout le monde. Tu dois t'aimer. Si tu ne t'aimes pas, comment veux-tu que les autres t'aiment ? Si tu leur montres que tu ne mérites pas d'être aimé et que tu n'es pas intéressant, ils n'ont aucune raison de penser le contraire. Tu sais comme c'est important pour toi d'être aimé. Alors commence par t'aimer toi-même !

Et surtout, fais-toi confiance ! Ce n'est pas forcément toi qui est nul face à un travail, c'est peut-être le travail qui est difficile, pour tout le monde, pas seulement pour toi. Ce n'est pas forcément toi qui est inintéressant, ce sont peut-être les autres qui ne savent pas te comprendre, qui te laissent aucune chance.

Ton intelligence te complique la vie mais c'est aussi une grande chance dont tu peux faire quelque chose de bien.

La recette pour aller bien

Pour qu'un enfant surdoué soit épanoui, il est généralement préférable qu'il sache qu'il est différent parce qu'il est surdoué. Il faut qu'il s'aime et se fasse confiance, que l'école sache s'adapter à ses particularités, qu'il ait des copains et que ses parents le comprennent et lui donnent tout l'amour dont il a besoin. Si tu as tout ça, il y a donc peu de risques que tu ne te sentes pas bien. Sinon, il faut essayer de changer les choses.

Il est important que tes parents se renseignent, en lisant ce livre ou un autre, plus détaillé, destiné aux adultes. Eux aussi ont besoin de comprendre pour pouvoir t'aider.

Il peut être nécessaire d'avertir l'école afin qu'elle change sa façon de te faire travailler. En proposant un passage anticipé ou simplement du travail plus intéressant, plus difficile ou différent. Par exemple, pendant que les autres travaillent encore une fois sur une notion connue, rabâchée, devenue indigeste pour toi, tu pourrais faire des recherches pour préparer un exposé, aider ceux qui sont en difficulté, aller passer un moment dans une classe supérieure ou encore écrire une histoire. Avec ou sans tes parents, tu es assez grand pour aller parler toi-même à ton professeur et lui faire comprendre comment il peut t'aider à rester motivé.

L'autre secret pour aller bien, c'est de communiquer, de dire quand ça ne va pas, de parler à quelqu'un de ce qui fait souffrir. Il y a des adultes capables de comprendre, il y a aussi des psychologues compétents.

Et pour se faire des copains ?

Tous les enfants réussissent à se faire des copains. C'est facile, il suffit d'être soi-même et ça se fait naturellement, sans y penser. Toi aussi, tu peux te faire des copains mais peut-être pas aussi simplement. Si tu n'arrives pas à communiquer et à être bien avec eux, à leur ressembler, alors que faire ?

Commence par observer les enfants de ton âge ! Utilise donc ton intelligence et tes capacités d'analyse ! Tu es assez intelligent, observateur et lucide pour comprendre et voir ce qui les intéresse, comment ils fonctionnent, ce qu'ils aiment, ce qu'ils n'aiment pas. Ensuite, essaye de t'adapter ! S'adapter revient à « se comporter de la façon qui convient ». Certains psychologues ont donné cette définition de l'intelligence : « C'est la capacité à s'adapter ». Bien sûr, ce n'est pas la seule définition valable. L'intelligence, ce n'est pas que ça mais ça en fait partie. Tu es donc capable de t'adapter à la situation lorsqu'il s'agit d'aller jouer avec les autres.

« *Ça va mieux cette année, j'ai des copines. L'année dernière, j'arrivais pas à comprendre comment elles marchaient* » (Oriane, 7 ans).

Essaye d'être un peu comme eux, force toi à jouer aux jeux qu'ils aiment, ou seulement à certains ! Choisis les enfants qui te correspondent le plus, qui te ressemblent un peu, qui aiment des activités que tu aimes aussi ! Si tu n'aimes pas jouer au foot, ne choisis pas des enfants qui passent leurs récréations à taper dans un ballon ! D'autres préfèrent s'occuper à autre chose, ils seraient peut-être de meilleurs amis pour toi.

Et s'ils ne veulent pas de toi ? Essaye de leur ressembler, de les copier, en jouant un rôle s'il le faut ! C'est une bonne expérience, tu pourras peut-être faire du théâtre plus tard ou devenir comédien. Les adultes sont rarement naturels, à part avec les personnes de leur famille ou leurs amis. Ils jouent un rôle, ils se montrent sous leur meilleur jour, ils s'adaptent à la personne avec qui ils sont, pour se faire accepter et se faire bien voir. Par exemple, l'adulte ne se comporte pas de la même façon avec son enfant et avec son patron. Avec l'un, il sera vraiment lui-même, pourra se sentir libre, dire ce qu'il veut (et même des gros mots) alors qu'avec le second, il devra être sérieux, poli et évitera de le contrarier. Toi aussi, tu ne te comportes pas de la même façon selon que tu es avec ta mère, un cousin ou le directeur de l'école. Tu adaptes ton langage et ton comportement. Pour se faire des copains, c'est la même chose, il faut s'adapter à leur façon d'être, de jouer et de parler.

Attention ! Certains enfants ou adolescents surdoués font exprès de devenir de mauvais élèves. Ils pensent que comme ça, les autres ne les considèreront plus comme des « intellos » et les respecteront enfin. Cette attitude est désolante. Quand on peut être un élève brillant, il ne faut pas faire semblant d'être bête pour se faire bien voir. Il ne faut pas gâcher son intelligence. Si des enfants ne s'intéressent à toi qu'à la condition que tu ne sois pas trop intelligent, alors leur amitié ne vaut rien.

Ces enfants ne sont pas intéressants et ne t'apporteront rien. Reste l'élève doué et sérieux que tu es ! Change seulement ta façon d'être et de jouer avec eux ! Ce qu'il faut, c'est rester le même élève tout en te comportant comme un enfant. Au lieu de passer ton temps à penser, lire ou parler de sujets qui n'intéressent que toi ou les adultes, joue, bouge, discute de sujets qui plaisent aux enfants de ton âge ! Même si ces sujets ne t'intéressent pas vraiment. Le principal, c'est d'avoir des amis.

C'est très important pour un enfant d'avoir des copains et d'être comme les autres, encore plus pour un adolescent. Mais attention, ne cherche jamais à faire les mêmes bêtises que les autres, uniquement pour réussir à te faire accepter, te sentir comme eux et faire partie de leur groupe ! Par exemple, beaucoup d'adolescents commencent à fumer pour se sentir comme les autres et se croire grands. Premièrement, les grands ne commencent jamais à fumer. Personne n'a commencé à fumer à l'âge adulte. Tous les fumeurs ont commencé alors qu'ils étaient encore de « petits » adolescents. Deuxièmement, quand on est surdoué, donc très intelligent et conscient des dangers, on sait tout ce qu'on a à perdre à fumer : sa santé, sa vie, son argent et aussi sa liberté. Quand on commence à fumer, on devient très vite dépendant au tabac, on devient prisonnier, on ne peut plus s'empêcher de fumer. Commencer à fumer, c'est tomber dans un piège. C'est une aberration pour un surdoué. Tu es trop intelligent pour te faire avoir.

D'autres aiment prendre des risques sur leur scooter. D'autres encore se droguent ou « jouent » à perdre connaissance et à s'étrangler (jeu du foulard). Ils tentent de braver leur peur de devenir adulte et leur peur de la mort. Ils veulent se faire croire qu'ils n'ont peur de rien, qu'ils sont les plus forts, les plus malins, qu'ils sont immortels. Prendre de tels risques pour faire comme les autres, ce n'est pas une bonne façon de se faire des copains.

L'amitié, c'est important, mais pas assez pour prendre le risque de mourir ou de passer sa vie dans un fauteuil roulant. Les jeunes qui font ça ne sont pas des amis intéressants. Il faut mieux les fuir et ne surtout pas chercher à leur ressembler. L'amitié, oui ! Mais pas à n'importe quel prix et pas avec n'importe qui !

Rigole ! L'enfant surdoué a beaucoup d'humour. Utilise cet humour, raconte des histoires drôles ! Ta grande mémoire te permet d'en apprendre beaucoup. Ris avec les autres, ris de toi quand tu te trompes, quand on te fait une remarque sur une ânerie que tu as faite ! N'oublie pas ! Lorsque tu fais rire quelqu'un (pas quand il se moque méchamment de toi mais quand tu l'amuses par ton humour), il s'attache un peu à toi. L'humour aide à se faire des amis. De même, essaye de paraître gai ! Sois souriant !. Les autres enfants n'auront pas envie d'être avec toi si tu fais toujours la tête.

Tu peux aussi proposer à ton maître ou à ta maîtresse d'aider les élèves qui en ont besoin. Si tu termines rapidement ton travail, tu as le temps d'aider ceux qui sont plus lents ou qui ont quelques difficultés. Ils verront ainsi que tu es sympa et que tu t'intéresses à eux.

Tu as peut-être l'impression d'être obligé de ne plus être toi-même. Non, il suffit juste de se comporter comme les autres. Reste toi-même bien sûr mais adapte-toi aux enfants de ton âge parce que c'est important d'avoir des amis ! Ça vaut bien quelques concessions. Il te reste la possibilité de t'intéresser aux sujets que tu ne peux pas partager avec des enfants. Tu peux en discuter avec des adultes. Ces sujets sont plus près de leurs centres d'intérêt et de leurs capacités de compréhension.

Ils pourront sans doute t'apprendre des choses que tu ne sais pas encore, ce qui est moins possible avec les enfants de ton âge. Tu peux aussi trouver des mines d'informations sur internet. On met souvent les enfants en garde. On leur dit que naviguer sur internet peut être dangereux, qu'on y rencontre des personnes mal intentionnées qui profitent de la naïveté des enfants. C'est vrai, mais bien utilisé, sous le contrôle des parents, internet permet d'apprendre énormément et d'assouvir sa curiosité. C'est un outil formidable pour l'enfant surdoué.

Voilà, je te souhaite de trouver en toi la force de t'adapter, de changer d'attitude pour leur ressembler tout en restant toi-même. Imite-les ! Fais semblant d'être comme eux mais ne rejette pas ce que tu es ! Parce que tu es formidable.

Ce ne sera pas toujours facile. Fais-toi confiance !

Table des matières

Introduction   9

Partie 1
L'enfant « intellectuellement précoce » ou « surdoué »   13

C'est quoi être surdoué   15
Le test de QI   19
Le langage de l'enfant surdoué   23
La mémoire de l'enfant surdoué   25
La synesthésie   27
La famille   29

Partie 2
C'est pas toujours facile d'être surdoué   31

Un enfant différent   33

L'enfant surdoué est fragile   35
    L'esprit critique   35
    Le refus de l'autorité   36
    L'impatience   38
    L'enfant surdoué a besoin que les choses aient un sens   39
    Ce terrible besoin d'amour   40
    L'enfant surdoué est hypersensible   41
    L'enfant surdoué s'observe   42
    L'anxiété   43
    L'enfant surdoué peut paraître immature   45
    La dépression   46

L'enfant surdoué et les copains 51
    L'enfant surdoué n'a pas les mêmes envies 51
    Une personnalité fragile 52
    La solitude 53

L'enfant surdoué et l'école 55
    L'ennui 55
    L'enfant surdoué manque de confiance en lui 56
    Le goût de l'effort 59
    L'enfant surdoué n'est pas attentif 61
    Les troubles d'apprentissage 63
    L'enfant surdoué a une intelligence différente 65
    Le passage anticipé 70

Partie 3
Que faire pour aller mieux ? **73**

Vivre avec cette différence 75
Etre fier de soi 77
La recette pour aller bien 79

Et pour se faire des copains ? 81

Bibliographie **89**

Bibliographie

Romans pour enfants :

BRISAC Geneviève, *Monelle et les Autres*. L'Ecole des loisirs, 2002.

DAHL Roald, *Matilda*, Gallimard Jeunesse, 1997. Existe en film.

DE VIGAN Delphine, *No et moi*. JC Lattès, 2007 ou Le Livre de Poche, 2009. Existe en film.

MAJOR Lenia, *Zacchary, l'ourson précoce*, Laguasso, 2005.

MAREAU Charlotte, *Kit de survie de l'enfant précoce, Vol. 1. Juste avant*, Creaxion, 2007.

MAREAU Charlotte, *Kit de survie de l'enfant précoce, Vol. 2. Ciel à terre*, Creaxion, 2007.

MAREAU Charlotte, *Kit de survie de l'enfant précoce, Vol. 3. La petite fille qui bougeait les oreilles*, Creaxion, 2007.

MAREAU Charlotte, *Kit de survie de l'enfant précoce, Vol. 4. Les grandes personnes*, Creaxion, 2007.

MAREAU Charlotte, *Kit de survie de l'enfant précoce, Vol. 5. Les mots des autres*, Creaxion, 2007.

Parmi les livres pour les parents et les professionnels :

ADDA Arielle, *Le livre de l'enfant doué.* Solar, 1999.

ADDA Arielle et TERRASSIER Jean-Charles, *Le livre de l'enfant doué : le découvrir, le comprendre, l'accompagner sur la voie du plein épanouissement.* Solar 2008.

COTE Sophie, *Doué, surdoué, précoce, l'enfant prometteur et l'école.* Albin Michel, 2002.

REVOL Olivier, *Même pas grave ! L'échec scolaire, ça se soigne*, JC Lattès 2006 ou J'ai lu, 2007.

SIAUD-FACCHIN Jeanne, *L'enfant surdoué, l'aider à grandir, l'aider à réussir.* Odile Jacob, 2002.

SIAUD-FACCHIN Jeanne, *Trop intelligent pour être heureux ? L'adulte surdoué.* Odile Jacob, 2008

TERRASSIER Jean-Charles et GOUILLOU Philippe, *Guide pratique de l'enfant surdoué : repérer et aider les enfants précoces.* ESF Edition, réédité en 2008

TERRASSIER Jean-Charles, *Les enfants surdoués ou la précocité embarrassante.* ESF Edition, réédité en 2009

L'HARMATTAN, ITALIA
Via Degli Artisti 15 ; 10124 Torino

L'HARMATTAN HONGRIE
Könyvesbolt ; Kossuth L. u. 14-16
1053 Budapest

L'HARMATTAN BURKINA FASO
Rue 15.167 Route du Pô Patte d'oie
12 BP 226
Ouagadougou 12
(00226) 76 59 79 86

ESPACE L'HARMATTAN KINSHASA
Faculté des Sciences Sociales,
Politiques et Administratives
BP243, KIN XI ; Université de Kinshasa

L'HARMATTAN GUINÉE
Almamya Rue KA 028
En face du restaurant le cèdre
OKB agency BP 3470 Conakry
(00224) 60 20 85 08
harmattanguinee@yahoo.fr

L'HARMATTAN CÔTE D'IVOIRE
M. Etien N'dah Ahmon
Résidence Karl / cité des arts
Abidjan-Cocody 03 BP 1588 Abidjan 03
(00225) 05 77 87 31

L'HARMATTAN MAURITANIE
Espace El Kettab du livre francophone
N° 472 avenue Palais des Congrès
BP 316 Nouakchott
(00222) 63 25 980

L'HARMATTAN CAMEROUN
BP 11486
Yaoundé
(00237) 458 67 00
(00237) 976 61 66
harmattancam@yahoo.fr

594030 - Janvier 2015
Achevé d'imprimer par